# JASON

la saga de "*FRIDAY THE 13TH*"

**LUCAS RISSO**

Risso, Lucas
Jason, la saga de Friday the 13th / Lucas Risso 1a ed
Ciudad autonoma de Buenos Aures - Cinespacio Ediciones 2025
21x14

Cinespacio Ediciones
Buenos Aires Argentina

cinespaciovc@yahoo.com.ar

# CAPÍTULO I

## LA PREHISTORIA

*Sean S. Cunningham será recordado como el padre de Jason, pero tuvo que sortear varios fracasos hasta que la ruleta de la suerte lo convirtiera en uno de los hombres que cambiaría al género de terror para siempre.*

Nació en Nueva York el 31 de diciembre de 1941. Al terminar la secundaria estuvo a punto de entrar a la facultad de medicina, pero por suerte escuchó a su voz interior la cual le recordaba que lo que realmente le gustaban las artes, sobretodo el cine y el teatro. Años más tarde saldría de la Universidad de Standford con una maestría en "Drama y Cine".

Los primeros años se los dedicó, sin demasiado éxito, al teatro. Una noche, a los 29 años, se encontraba en la cocina de su casa junto a su esposa charlando sobre el futuro. Había seguido a su instinto, pero, aunque no le iba mal como productor teatral, el dinero no alcanzaba para mantener a una familia. Mientras las deudas se acumulaban un segundo hijo venía en camino, era hora de intentar algo diferente. En ese momento decidió intentar en el mundo del cine: "no sabía lo suficiente sobre la industria del cine como para tener miedo", confesó años más tarde y como haría muchas veces más en el futuro, escapó hacia adelante.

Los Cunningham se mudaron a un edificio en la calle West 45th, en Nueva York donde fundó su propia productora cinematográfica: "por aquellos solo necesitabas una dirección y un teléfono para ser productor de cine". Sus primeros trabajos fueron: comerciales, institucionales y cualquier cosa que pudiera conseguir como para mantenerse a flote. Corría el año 1969. El "Flower Power" había tomado a Estados Unidos por sorpresa y los jóvenes promovían el amor libre revelándose de las ataduras y prejuicios morales que sus padres intentaban en vano inculcarles. En este escenario el dinero rápido venia de la mano del sexo. Esos mismos padres que en sus casas confrontaban con sus hijos promoviendo una moral puritana, cuando nadie los veía, consumían todo tipo de material pornográfico que pudieran conseguir.

Recordemos que por aquellos años la pornografía estaba prohibida, ver una teta en la pantalla grande no era tan fácil como ahora. Es por eso que cualquier film que ofreciera este tipo de contenido era garantía de espectadores sin importar mucho su trama. Así como había artistas como Russ Meyer especializados en el arte de mostrar gente desnuda, en general la mayoría de los directores y productores que se dedicaban a este subgénero eran personas que solo les interesaba ganar plata lo más rápido posible invirtiendo la menor cantidad de dinero necesario.

Este era el caso de Sean S. Cunningham que recaudó 3.500 dólares y filmó en pocos días "El arte del matrimonio" ("The art of marriage", Sean S. Cunningham, 1970), un documental de una hora donde se le enseñaba a los espectadores la manera adecuada para mantener relaciones sexuales con tu pareja. Esta era una de las maneras que había en aquella época para engañar a la censura. Estos films eran todos iguales: comenzaban con un señor vestido con un guardapolvo blanco, el cual se presentaba como doctor, y le decía a la audiencia que a continuación se les explicaría algo relacionado a la sexología. Esto podía ser: como debían tener relaciones las parejas, como no quedar embarazada, no contraer enfermedades venéreas o hasta ¿de dónde vienen los niños?

"No tenía idea de lo que estaba haciendo. El equipo técnico se reducía a tres personas, lo cual parecía muchísimo si tenemos en cuenta que ninguno sabía que tenía que hacer" comenta hoy en día riéndose el director de Friday the 13th.

Al film le fue relativamente bien. Con un costo de 3.500

dólares recaudó 100.000. Sin llegar a ser un éxito de taquilla como lo sería dos años más tardes clásicos como "Garganta profunda" ("Deep Throat", Gerard Damiano, 1972) generó lo suficiente como para que Cunningham se engolosinara y lo intentara de nuevo. Su segundo film fue "Juntos" ("Together", Sean S. Cunningham, 1970). Este film sería muy importante para todos los fans de la saga de "Viernes 13" (en Argentina conocida como "Martes 13" y originalmente "Friday the 13th") ya que con este film conoce a Stephen Minasian y a Phil Scuderi. Estos dos nombres quizás no sean conocidos para la mayoría de la gente, pero fueron fundamentales en ese momento histórico para cambiar la cara del género para siempre. No solo le dieron la primera oportunidad a Sean S. Cunningham y a otros directores, sino que distribuyeron en Estados Unidos films de directores europeos como Mario Bava. Uno de esos films fue "Bahía de Sangre" ("A bay of blood", Mario Bava, 1971), película que muchos consideran que fue utilizada por Cunningham como inspiración a la hora de escribir su gran éxito: "Viernes 13".

Por aquellos años eran los dueños de una cadena de cines llamada: "Esquire Theatres of America" y estaban estudiando la posibilidad de comenzar a producir pe-lículas utilizando sus cines como primer eslabón en la cadena de distribución. Cunningham apareció en el momento indicado y les ofreció distribuir "Juntos", la cual fue el primer film adquirido por la "Hallmark Realising Corporation".

A la película le fue bastante bien en crítica y en taquilla, esto hizo que le ofrecieran un presupuesto un poco más holgado para su próxima cinta.

"Juntos" no fue importante solo porque conectó al padre de Jason Voorhees con la Hallmark, sino que, también, porque fue allí donde conoció a su alma gemela: Wes Craven, el futuro padre de Freddy Krugger.

Recordemos que nos encontramos a fines de los sesentas y comienzos de los setentas. Durante esos años el mundo pedía a gritos cambios y esos cambios estaban siendo enarbolados por la juventud. Mientras en Europa los estudiantes se hacían oír durante lo que hoy se conoce como el "Mayo Frances" en Estados Unidos pasaban cosas parecidas con lo que se dio a llamar "El verano del amor". La irrupción de la generación Hippie, pregonando el amor libre, el uso de drogas recreativas y la vida en comunidad escandalizaba a la sociedad norteamericana. En este marco se comenzaba a generar un cambio en Hollywood y en algunos géneros cinematográficos.

El terror de a poco pasaba de lo implícito a lo explícito de la mano de directores como H. G. Lewis con films como: "Blood Fest" (1963), "2000 maniacos" (1964), "The wizard of gore" (1970) y "The gore, gore girls"

(1972). Dando nacimiento a un nuevo subgénero dentro del terror: el gore, en el cual básicamente el objetivo pasaba por shockear al espectador con imágenes que el cine de Hollywood no podía mostrar.

Por otro lado, fueron los años donde el Softcore (cine erótico) fue reemplazado por el Hardcore (cine pornográfico). Estos dos géneros aparecieron de la mano de lo que pasaba en el país. La guerra de Viet Nam (1965 – 1975) fue el catalizador necesario para que los jóvenes pidieran un cambio.

Hasta ese momento las guerras no se televisaban. Hasta ese momento era mucho más fácil enviar chicos a la guerra, incluso cuando volvieran en bolsas de plástico. Viet-Nam fue el conflicto bélico con el cual la gente comenzó a ver imágenes impactantes generadas por los corresponsales de guerra. El mundo vio niños mutilados, bombas que hacían desaparecer pueblos, masacres en vivo y todo tipo de vejámenes que dejaban al descubierto que el planeta no era el lugar idílico que la televisión de los 50´s les había tratado de hacer creer.

La generación de los 60´s se negó a la guerra y en ese contexto aparece la idea del amor libre. Esta es la razón por la cual las actrices del cine XXX de aquellos años no tenían el aspecto de modelos al que hoy estamos acostumbrados. Eran chicas comunes y corrientes, en general hippies, que lo que intentaban hacer es demostrarle a una sociedad pacata que el amor libre era posible. Por otro lado, el gore aparece replicando, a modo de ficción, esas imágenes de horror que llegaban del otro lado del Atlántico. Los desmembramientos, las violaciones y la falta de moral eran una forma de retratar la conducta de los soldados norteamericanos durante la guerra (años más tarde la conjunción de estos dos géneros dio la aparición del cine "Snuff", una cruza entre pornografía y terror en el cual presenciamos un asesinato real luego de una escena de sexo).

En este marco aparecen muchos directores nuevos dentro del cine de Hollywood. Martin Scorsese, Francis Ford Coppola, Brian De Palma, Peter Bogdanovich, Steven Spielberg y George Lucas son parte del recambio que la meca del cine se dio cuenta que necesitaba, pero en Hollywood no había espacio para todos. Los directores que no pudieron entrar a filmar sus "Taxi Drivers" o sus "Padrinos" tenían dos opciones: o dirigirán películas pornográficas o películas de terror. Muchos de los grandes directores del horror filmaron las dos cosas. Este es el caso de Sean S. Cunningham y Wes Craven.

Sus nuevos financistas querían otra película con gente desnuda que generara dólares rápidos, pero Wes Craven tenía otra cosa en mente. Mientras Cunningham tenía un acercamiento comercial al séptimo arte Craven lo veía como una manera de manifestarse artísticamente.

Una de las películas que más lo habían impactado al descubrir el cine, recordemos que Craven comenzó a ver cine de grande ya que venía de una familia Amish la cual no le permitía acceder al cine, había sido "La fuente de la doncella" (Ingmar Bergman, 1960) en la cual se contaba la venganza que llevaban a cabo unos padres tras el asesinato de su hija. El film sueco había ganado el Oscar a la mejor película extranjera, el globo de oro en la misma categoría y una mención especial en el festival de Cannes gracias a sus imágenes y al clima que el director sueco había logrado. Una de las genialidades del film de Craven radica en haber podido, no solo llevar a la actualidad aquella fabula medieval, sino lograr que funcionara una obra espejo al original.

Uno de los errores más grande que suelen tener los remakes es: ser idénticos al film original, algo que los vuelven innecesarios, o ser tan diferentes que al material que les dio origen que perfectamente podrían ser otra película. Esto no pasa con "La última casa a la izquierda". Es radicalmente diferente y, al mismo tiempo, no se aparta de la idea original.

Craven le dijo a Minasian y a Scuderi que un film de terror podía ser igual o más lucrativo que un film condicionado. Estos le respondieron que mientras generaran dinero que hicieran lo que ellos quisieran.

En aquel rodaje conocerían a quien se convertiría en una pieza fundamental en el mundo "Viernes 13": Steve Miner.

Miner en ese momento era un joven de 20 años que había pasado los últimos años girando por Estados Unidos sin tener muy en claro que hacer con su vida. En Los Angeles se había hecho amigo de Stan Winston un actor que hacía Stand Up en bares. Cuando se enteró que su amigo había dejado la actuación para dedicarse al maquillaje sintió que ese podía ser también su lugar en el mundo. Winston hoy es reconocido por haber realizado los efectos especiales de films como: Terminator, Aliens, Jurassic Park y Titanic, pero por aquel entonces estaba casi tan perdido como él.

Miner volvió a la casa de sus padres para replantearse su futuro, pero el futuro no le dio mucho tiempo para pensar ya que a los pocos días de llegar le toco la puerta de su casa. Su madre le comentó que a pocos metros su vecino estaba filmando una película de bajo presupuesto.

Cunningham había decidido filmar "La última casa a la izquierda" ("The last house on the left", Wes Craven, 1972) en la casa de sus padres para abaratar los costos y Miner se acercó a ofrecerse como asistente en cualquier rubro que tuviera vacante.

Al ser una película de tan bajo presupuesto todos los roles estaban vacantes, es por eso que Miner terminó ocupando el rol de asistente en todos los departamentos. Les servía el café a los actores, se encargaba de ir al pueblo a comprar cosas, ayudó en la edición, creo efectos sonoros y hasta interpretó un pequeño papel en el film. Lo dio todo y su entrega tuvo su recompensa. Años más tarde ocuparía el rol de director en "Viernes 13, parte 2" (Steve Miner, 1981), "Martes 13, parte 3" (Steve Miner, 1982), "House" (Steve Miner, 1985) otro exitoso film de terror producido por Sean S Cunningham, "Warlock, el brujo" (Steve Miner, 1989) y uno de los mejores films de la saga de Michael Myers: "Halloween H20" (Steve Miner, 1998).

"La última casa a la izquierda" era un retrato perfecto de los Estados Unidos de comienzo de los 70s. Por un lado, estaban las jóvenes hippies que iban a un recital de rock (representación de los ideales puros de la nueva generación) y por el otro la "banda/ familia" de un ex convicto, la cual les arrebataba la inocencia y las mataba luego de violarlas (reflejo de la sociedad y el gobierno que deglutía a sus jóvenes luego de aprovecharse de ellos). A esto se le suma la familia perfecta que demostraba ser más salvaje que los asesinos matándolos salvajemente (reflejando la hipocresía de los adultos).

También era un espejo de lo que el país estaba viviendo gracias al caso Manson, en el cual un ex convicto engañó a un montón de Hippies, lavándoles la cabeza, abusándose sexualmente de ellos con la excusa del amor libre y desencadenando un baño de sangre. Luego la sociedad americana mostró sus dientes expresando su odio. Luego del caso Manson Hollywood dejo de retratar a los Hippies como jóvenes alegres e idealistas (como lo había hecho en films como: "Las mariposas son libres" y "La fiesta inolvidable") y pasaron a ser seres peligrosos y capaces de actos crueles (como veríamos en películas como: "I drink your blood" y "La última casa a la izquierda").

La película fue un éxito y, al mismo tiempo, un problema para los dos jóvenes cineastas. Cuando se sentaron a escribir el proyecto se dijeron: "Esta película no la va a ver nadie. Se va a dar en el circuito de autocines. Va a dar algo de dinero y quedará en el olvido como la mayoría de estos films". Esto no fue así, fue un éxito a nivel nacional. Los cines se llenaron gracias al boca a boca, pero el público no estaba preparado para ver las atrocidades perpetradas en la pantalla y no lo soportó. Así como muchos la amaron y volvían una y otra vez para verla otros se indignaron, tanto, que en muchos cines se abalanzaron sobre la cabina de proyección tratando, literalmente, de mutilar la cinta para que dejara de plasmar esas imágenes escalofriantes sobre la pantalla. Es por esto que hoy en día no existe una copia entera del film. La versión que hoy conocemos es un compendio de pedazos que sobrevivieron a la censura de las masas. Muchas de las escenas más escabrosas se perdieron y quedaran en la mente de aquellos que pudieron ver la versión original en los cines de la época.

A nivel comercial fue un suceso, pero hizo que sus creadores fueran vistos como dos salvajes y las aspiraciones de entrar a Hollywood de Cunningham y Craven se vieran frustradas. Es por eso que luego del estreno de este film de culto tuvieran que volver a la publicidad y a dirigir cine condicionado.

En 1974 Cunningham dirige "Case of the full moon murders", un film porno protagonizado por Harry Reems, una de las estrellas de "Garganta profunda" (Gerard Damiano, 1972). "Este fue un tipo de film que no había hecho antes, ni siquiera con "Juntos" y espero no volver a hacer jamás" decía Cunningham riéndose al recordar este paso en falso en su carrera.

Por su lado Craven dirigiría, con el seudónimo de Abe Snake, en 1975 "A firework woman", un lisérgico film condicionado con el objetivo de seguir pagando la cuota de su hipoteca.

Cunningham tenía bien claro que si quería despegarse del estigma de "La última casa a la izquierda" y del cine pornográfico debería hacer algo diferente.

La oportunidad llegó un año más tarde cuando Phil Scuderi lo llamó y le dijo: "¿Viste esa película que se acaba de estrenar?: "Los osos de la mala suerte" ("The bad news bears", Michael Ritchie, 1976)". Se refería a uno de los éxitos más grandes de ese año, producido por Disney y protagonizado por Walter Matthau y Tatum O´Neal (hija de Ryan O´Neal que venía de ganar el Oscar a la mejor actriz de reparto por "Paper Moon" de Peter Bogdanovich convirtiéndola en la actriz más joven en ganar la estatuilla dorada), en el cual un entrenador de baseball cascarrabias lograba que un equipo de niños que jugaban pésimo llagase a ganar un campeonato. Cunningham accedió de inmediato. Ese año, dado a la mala reputación que tenía en Estados Unidos, había probado suerte del otro lado del océano produciendo "The people who onws the dark" (León Klimovsky, 1976) protagonizada por el galán argentino Alberto de Mendoza y el hombre lobo español Paul Naschy. Aunque al film le fue relativamente bien su deseo seguía siendo triunfar en Hollywood.

Hacer un film familiar era la manera perfecta de quitarse de encima el estigma de director depravado. Fue aquí donde hace aparición otro miembro fundamental de la familia "Viernes 13": el guionista Victor Miller.

Miller era un egresado de Yale en la carrera "Teatro y oratoria" que, durante los sesentas, había intentado suerte escribiendo obras de teatro y en ese momento intentaba hacer el salto al mundo del cine. Juntos idearon "Aquí vienen los tigres" ("Here comes the tiger", Sean S Cunningham, 1978) una copia descarada de "The bad news bears" en la cual otro grupo de niños inadaptados lograban ganar un campeonato. Al film no le fue mal. No fue el éxito que se esperaba, pero ayudó a Cunningham a depurar su estilo de filmación acercándose a los estándares básicos de la industria. La dupla no se dio por vencida y el mismo año estrenaron "Los huérfanos de Manny" ("Manny´s orphans", Sean S. Cunningham, 1978). Básicamente la misma historia, pero con jugadores de futbol.

Durante el rodaje de estos dos films se sumó un miembro fundamental a la familia de "Viernes 13": Harry Manfredini.

El músico responsable de marcar a fuego a la franquicia con su "kill, kill, ma, ma" había egresado de la Universidad de Columbia y había pasado muchos años trabajando como saxofonista en su Chicago natal hasta que decidió probar suerte en Nueva York. Allí fue donde conoció a Cunningham a través de un amigo: "Mataría por Sean" dijo Manfredini "Lo conocí por un amigo y nos hicimos amigos de inmediato. Trabajé en sus dos películas infantiles. "Here comes the tigers" y la otra sobre futbol. En ese momento se llamaba "Kick" pero después creo que le cambiaron el nombre". Es claro que participar en "Viernes 13" le cambió la vida. "Me encantaban las películas de terror. Recuerdo pasar noches enteras viéndolas cada vez que daban alguna maratón por televisión. Amo el trabajo de Bernard Herrmann, lo que hizo en "Psicosis" es increíble. Digo que haría cualquier cosa por Sean porque siempre fue muy leal conmigo. Trabajaría gratis para él si me lo pidiera".

En esa oportunidad el éxito no golpeo a sus puertas. Fue ahí cuando se dieron cuenta que aquello que todos decían: "Estados Unidos necesita más películas familiares aptas para todo público" era una mentira. "Me encantaba la idea de hacer una serie de películas para chicos, de hecho, United Artist compró la opción de convertirla en una serie de televisión, pero comprar una opción no es comprar una película. Eso nunca paso. Para tener una carrera tenes que hacer películas que hagan dinero y la plata estaba en el terror". Así que como le sucedía a Michael Corleone en "El Padrino III" (Francis Ford Coppola, 1990), por más que él quería salir, el terror lo traía de vuelta.

# CAPÍTULO II

## 1978: NACE EL SLASHER

*El terror de 1978 no tenía nada que ver con el de 1972, año en el Cunningham cual había producido "La última casa a la izquierda". El 78 es el año en el que comienza, con "Halloween" (John Carpenter, 1978), la que se considera: "Era de oro del Slasher", la cual tendría un primer cierre en 1984 precisamente con un film de esta saga: "Viernes 13, parte 4: Capitulo final" (Joseph Zito, 1984).*

Hay muchas películas que presagian al Slasher. Según algunos autores pueden ser: "Psicosis" (Alfred Hitchcock, 1960), en la cual aparece un asesino en serie que mata con un arma blanca a mujeres en un lugar aislado, para otros es "Peeping Tom" (Michael Powell, 1960), donde otro psicópata mata mujeres con un arma blanca mientras las filma para tratar de registrar

21

ese último suspiro, incluso algunos le dan ese galardón a "Jack the Ripper" (Monty Berman, Robert S. Baker, 1959), un poco conocido film ingles donde el famoso asesino serial mata prostitutas con un bisturí. Incluso hay autores que sitúan el origen del Slasher mucho más atrás remontándose a principios del siglo XX donde se adaptaron algunas obras del "Grand Guiñol" (género teatral el cual se mostraban asesinatos sangrientos con la intención de escandalizar al público). La razón por la cual hay tantos posibles antecedentes es que el ser humano desde siempre necesitó ver reflejada la violencia en algún hecho artístico.

Antes de eso, los hombres y mujeres no la sublimaban y disfrutaban esos actos sangrientos en espectáculos colectivos no ficionales.

La inquisición no escatimó sangre a la hora de en brindar a sus fieles shows horribles donde se quemaban mujeres o torturaban a cualquiera que no profesara la religión católica. Lo mismo hacían en el oriente apedreando personas o las monarquías ahorcando gente en la vía pública. Es el día de hoy que en Estados Unidos la gente se reúne para ver la ejecución de presos en las cárceles alimentando ese morbo y la sed de venganza de víctimas y ciudadanos. La necesidad de ver morir a otro acompaña a nuestra especie desde siempre. El cine se transformó en una manera mucho más civilizada de alcanzar ese objetivo.

Durante la década del 60 se pusieron de moda las películas sobre psicópatas. Es por eso que Alfred Hitchcock consiguió seguir disfrutando de la fama, a pesar de que muchos de sus colegas de los años 30s y 40s comenzaban a sonar vetustos, ya que esa era su especialidad: matar gente delante de las cámaras. Además de las películas del maestro del suspenso hubo muchas otras entre las que destacaremos una: "El estrangulador de Boston" (The Boston Strangler, Richard Fleischer, 1968) protagonizada por Tony Curtis en la cual se recreaban los crímenes cometidos en la vida real por el asesino serial Albert DeSalvo.

El film no solo reavivó la carrera de Tony Curtis, sino que dio inicio a una moda que se profundizaría durante toda la década del 70: la de las películas: "Don´t" (no hagas tal o cual cosa).

Este fenómeno se dio porque la población norteamericana se sentía defraudada. Durante muchos años pensaron que eran los mejores del mundo y de golpe estaban metidos en una guerra que no podían ganar, la economía se venía en picada y para colmo no podían salir a la calle por culpa de la inseguridad. En ese marco comenzaron a proliferar en los medios de comunicación las noticias sobre asesinos seriales. Además de los asesinatos de DeSalvo los Yankees vivían aterrados por los crímenes de: "El hijo de Sam", "El asesino del zodiaco", "Ted Bundy", "Ed Gain", Angelo Buono Jr y Kenneth Bianchi (The Hillside Stranglers), John Gacy, Richard Ramirez (The Night Stalker), por nombrar solo algunos, hoy famosos gracias a que las plataformas utilizaron sus vidas como material para series de consumo masivo.

Por aquellos años cuando los ciudadanos prendían el televisor por las noches se les advertía de los peligros de salir a la calle. Ese fue el marco en el que nacieron las películas "Don´t".

Durante los 70´s y parte de los 80´s se estrenaron un montón de películas que explotaban el miedo de los ciudadanos agregándole el "Don´t" al principio del título. Los autocines y cines de doble programa se inundaron de films como: "Don´t look in the basement" (S. F. Brownringg, 1973), "Don´t be afraid of the dark" (John Newland, 1973), "Don´t go into the house" (Johseph Ellison, 1979), "Don´t answer the phone" (Robert Hammer, 1980), "Don´t go into the woods" (James Bryan, 1981), etc.

Además de estos films hubo muchos otros que explotaban este miedo, pero que no utilizaban el recurso del "Don´t" en el título, pero que respetaban esta fórmula de las cuales nombraremos solo dos: "Black Christmas" (Bob Clark, 1974) y "When a stranger calls" (Fred Walton, 1979). Las dos podrían haberse llamado "No atiendas el teléfono" y ninguna de las dos califica como Slasher porque pertenecen a esta tendencia que acabamos de explicar.

El segundo elemento que contribuyó a la aparición del

25

Slasher en 1978 fue la moda de películas de *Venganza ciudadana*. Debido al contexto que acabamos de comentar el americano promedio estaba lleno, además de miedo, de bronca. Sentía que nadie lo protegía. Esto se incrementó en 1972 cuando el presidente de la nación se vio involucrado en lo que hoy se conoce como el *Watergate*, hecho de corrupción que hizo que tuviera que renunciar a la presidencia. El marco no podía ser peor: cientos de jóvenes volvían en bolsas de plástico de Viet Nam, la crisis del petróleo hacía que la economía multiplicara pobres todos los días, el presidente renunciaba por corrupto, las calles estaban repletas de ladrones, asesinos y violadores y, como si todo esto fuera poco, el americano conservador veía como la juventud se revelaba a diario sumándose a diferentes agrupaciones.

Las luchas estudiantiles que habían comenzado en el *Mayo francés* se habían ramificado en movimientos como: el *Black Power*, el *Flower Power*, el *Gay Power* y los *Movimientos feministas*. Como la realidad no daba respuestas, el público conservador llenó las salas para ver películas donde un ciudadano común y corriente hacía justicia por mano propia. En los 70´s aparecieron films como: "Perros de paja" (Sam Peckinpah, 1971), "Gordon´s War" (Ossie Davis, 1973), "Walking Tall" (Phil Karlson, 1973), "El vengador anónimo" (Michael Winner, 1974), "Taxi Driver" (Martin Scorsese, 1976), "Rolling Thunder" (John Flynn, 1977), "Hardcore" (Paul Schrader, 1979), "The exterminator" (James Glickenhaus, 1980), "Vigilante" (William Lustig, 1983). Todas fueron éxitos de taquilla y muchas generaron infinidad de secuelas e inspiraron a otras con argumentos similares. La mayoría de estos films eran protagonizados por hombres comunes que se sentían agredidos por la proliferación de prostitutas, gays, hippies, latinos, negros y demás minorías a las cuales las relacionaban directamente con la delincuencia y la degradación a la que se veía sometida su amada América. ¿Cuál era la solución? Salir a la calle armado y matarlos a todos. Este suele ser el sentimiento primordial de cualquier asesino en una película Slasher. Es por esto que una de las reglas fundamentales del género es matar jóvenes que tienen relaciones sexuales pre matrimoniales y fuman marihuana y si son mujeres liberales, gays, negros o latinos mucho mejor. Es muy simbólico, como cierre de un ciclo, que tras años de matar jóvenes en el bosque Jason pudiera finalmente caminar las calles de Nueva York para matar adolescentes en "Viernes 13, parte 8: Jason toma Manhattan" como lo habían hecho en el pasado, por las mismas razones, actores como Charles Bronson y George C Scott.

Finalmente, el tercer eslabón que faltaba para que Carpenter pudiera filmar el primer Slasher oficial de la historia del cine fue la aparición en Italia del Giallo.

El Giallo nace en Italia en 1929 cuando la editorial Mondadori lanza en ediciones de bolsillo y en papel muy barato una serie de novelas de suspenso. En un comienzo eran traducciones al italiano de la obra de Agatha Christie, Edgar Wallace, Raymond Chandler, Ed McCain, Rex Stout y Ellery Queen, pero en una segunda etapa comienza a editar a autores italianos que, con seudónimo, intentaban imitar el estilo de los autores anglosajones.

El público comenzó a llamarlos Giallos debido a que las portadas de esta colección eran amarillas. La primera de estas novelas en ser llevada al cine fue "El cartero llama dos veces" de James M. Cain de la mano de Luchino Visconti bajo el nombre de "Obessionne" (1943). Hoy nadie la considera un Giallo porque fue filmada con la estética Neorrealista (muy de moda por aquellos años).

Luego del estreno de "Psicosis" (Alfred Hitchcock, 1960) y de "Peeping Tom" (Michael Powell, 1960) los italianos volvieron a intentarlo agregándole violencia, sangre y erotismo. De esta manera en 1963 Mario Bava dirige "La muchacha que sabía demasiado" ("La ragazza che sapeva troppo", Mario Bava, 1963) en clara alusión a "El hombre que sabía demasiado" (Alfred Hitchcock, 1934 y 1956). En esta nueva encarnación el giallo va tomando muchos elementos del whodunit (novela de suspenso en donde el elector tiene que averiguar: ¿quién lo hizo?) y comenzaría a tener elementos estilísticos que se repetirían en casi todos los giallos como que el asesino mata con armas blancas y que la manera de ocultar su rostro es filmar los crímenes con una cámara subjetiva.

Estas características serían retomadas por Sean S. Cunningham en la primera "Viernes 13". No solo esto, sino que una de las muertes más famosas de esta película en donde vemos a una pareja ser atravesada por una lanza fue tomada del film "Bahía de sangre" (Reazione e catena, 1971) del mismísimo Mario Bava.

# CAPITULO III

## VIERNES 13 (1980)

*A diferencia de lo que Cunningham había pensado el hit del verano de 1978 no fueron las cintas familiares sino "Halloween" (John Carpenter, 1978), así que finalmente tuvo que aceptar que lo que Estados Unidos realmente quería ver eran tripas y sangre.*

Un año más tarde el teléfono sonó en la casa de Victor Miller quien en ese momento se encontraba escribiendo guiones hechos a medida para poder vendérselos a Clint Eastwood, pero ninguno llegó a buen puerto.

Del otro lado escuchó la voz de Cunningham: "Halloween está haciendo estragos en la taquilla. ¿Qué tal si hacemos una copia?".

31

Mientras hacía "Los huérfanos de Manny" los productores le dijeron: "El título no es bueno. Manny es un nombre sin onda y lo de los huérfanos es muy triste. Trata de pensar otro nombre". En ese momento se sentó y fue ahí cuando el nombre "Friday the 13ths" apareció en su cabeza. En ese momento no sabía qué hacer con él, pero sabía que era un buen nombre para una película.

El titulo era tan bueno que pensaba que no se le había ocurrido a él, que seguramente esa película ya existía. Para corroborarlo (recordemos que estamos en tiempos pre-internet) lo que hizo fue pagar un anuncio de una página entera en la revista "Variety", que por aquel momento era de lectura obligatoria para cualquier persona que estuviera en la industria del cine. Si no llegaba ninguna denuncia de plagio significaba que el titulo estaba disponible. El aviso mostraba el nombre del film "Friday the 13th" en letras grandes que rompían un vidrio y se acercaban al lector. Arriba decía: "Friday the 13the" la película más terrorífica jamás hecha. Lo que era verdad, porque la película aún no había sido filmada, pero la gente esto no lo sabía. En vez de denuncias por plagio lo que le llovieron fueron cartas de inversores extranjeros interesados en comprar los derechos para su estreno en Europa. Así fue como comenzó a recaudar el dinero para financiar su proyecto. En realidad, si existía otra película con ese nombre y había sido estrenada al poco tiempo de comenzado el rodaje de "Friday the 13th". Se llamaba "Friday the 13th: the orphan" (John Ballard, 1979,) pero el film era de tan bajo que sus productores prefirieron cambiarle el nombre, a pesar de haberse estrenado antes, tan solo para no tener que afrontar un juicio. Finalmente, Cunningham pudo quedarse con el título y el otro film pasó a llamarse simplemente "The orphan".

Ahora era necesario tener un guion. Después del ofrecimiento Victor Miller se preguntó: ¿Cómo se escribe una película de terror? Lo que hizo fue ir a ver varias veces "Halloween" para copiar su estructura.

Finalmente llegó a la conclusión de que la idea madre para realizar un Slasher era esta:

- Se arranca con un hecho traumático del pasado.
- Se busca la manera de que un grupo de adolescentes queden aislados y lejos de la protección de los adultos.
- Se los va matando uno a uno (sobre todo aquellos que tienen sexo premarital o consumen drogas)
- Desconocemos la identidad del asesino hasta el final.
- El asesino, en general, usa armas blancas.
- En el tercer acto queda una sola sobreviviente (generalmente la más virginal) y esta se encarga de resolver el misterio y matar al asesino.

Ahora había que pensar cual sería el escenario ideal para aislar a los jóvenes para poder matarlos tranquilamente sin que nadie los esté buscando. Miller le propuso a Cunningham cincuenta locaciones diferentes, pero ninguna le convenció hasta que Miller recordó lo asustado que se sintió cuando de niño fue a un campamento de verano. Cunningham sintió como se alineaban los planetas. Finalmente tenían la locación ideal.

Por más que "Friday the 13th" le copiara a "Halloween" la estructura, desde un comienzo tenían en claro que la manera de contarla sería totalmente diferente. Halloween, además de una gran película de terror, es un ejercicio artístico. Por su lado "Friday the 13th" estaba pensada como una montaña rusa. Un entretenimiento para mirar comiendo pochoclos: "Nosotros nos conformábamos con que hiciera algo de dinero como para poder hacer otra película. Por aquel entonces llevaba diez años trabajando freelance, mi mujer era secretaria y estábamos a dos pasos de vivir gracias a los cupones de descuentos en los supermercados" - contaba Miller quien no solo tomó cosas de Halloween, sino que también se inspiró en Psicosis para la secuencia inicial. Al comienzo del film seguimos al personaje de Annie Phillips, una chica que se dirige hacia el campamento. En ese momento, como espectadores, suponemos que se trata de la protagonista, pero a los pocos minutos pasa a ser la primera víctima, tal cual sucedía al comienzo del film de Hitchcock. Años más tarde admitió que también había tomado del clásico de 1960 la motivación principal de la asesina, pero invirtiendo los roles. En vez de tratarse de un joven obsesionado con su madre muerta, que en su locura cree que esta le habla obligándolo a matar, en este caso es la historia de una madre obsesionada con la muerte de su hijo que en su locura cree que este le habla y la obliga a matar.

Cuando la gente de Hallmark se enteró del proyecto no dudó en querer subirse. En un principio les ofreció U$S 125.000 para entrar y luego de leer el guion subió la oferta a U$S 500.000. Cunningham aceptó la oferta de inmediato. La producción estaba en marcha.

A Scuderi el título "Friday the 13th" le parecía muy bueno, pero la historia que tenían hasta ese momento no tanto. Era consciente que todos los proyectos en los cuales la productora había invertido dinero hasta ese momento no eran de calidad, ni pretendían serlo, pero esta era la oportunidad de hacer algo diferente. Fue por eso que convocó a Ron Kurz, otra persona que se convertiría en una pieza fundamental en historia de la saga. Aunque no fue acreditado en la primera entrega Kurz se encargó de arreglar el guion de VIctor Miller agregándole toques de humor y dándole una vuelta de tuerca a las escenas de terror para que fueran mucho más shockeantes. Scuderi quedó tan conforme con su trabajo que un año más tarde le encargaría a Kurz la labor de escribir la secuela.

Una vez resuelto el tema de la financiación Cunningham se dedicó a terminar de armar el equipo técnico. Convocó a Bill Freda para que se encargara de la edición, quien había trabajado para Cunningham como asistente de edición en "Here comes the tigers" y su esposa Susan Cunningham se ocupó de asistirlo.

Steve Miner se encargaría de ayudarlo en la producción. "Recuerdo que los meses previos a comenzar el rodaje fueron muy agitados. Teníamos que conseguir la locación indicada y buenos actores que cobraran muy poco". Sabían que la mayoría de los campamentos de verano en el preciso momento en que se enteraran que se trataba de un Slasher se negarían a prestarles la locación. Hoy las cosas serían diferentes, pero en 1980 los dueños de una colonia de verano veían como una mala publicidad asociar su negocio a una película de terror.

Durante esos meses previos a comenzar el rodaje fue cuando se sumó el integrante clave para que el film fuera el éxito que terminó siendo: Tom Savini.

Mientras que la mayoría del equipo estaba integrado por casi novatos, Savini venía de trabajar con George A. Romero en dos películas que hoy se consideran clásicos dentro del género: "Martin" (1978) y "Dawn of the Deads" (1978).

"Tom era un genio" recuerda Cunningham "con un presupuesto menor a U$S 20.000 hizo cosas humanamente imposibles. Era un mago. Sin Tom tendríamos que haber sacado de la película un montón de escenas y no podríamos haber apreciado efectos espectaculares que hasta el día de hoy siguen dando que hablar".

En la primera charla que tuvieron los dos estaban de acuerdo en que la película no tenía el final adecuado. La primera versión terminaba cuando la protagonista le cortaba la cabeza a la madre de Jason. "Hablamos mucho sobre ese tema. Ese no era un final, algo estaba faltando. Necesitábamos algo que hiciera que los espectadores saltaran de los asientos" comenta Savini cuando cuenta lo que es, para él, su aporte fundamental al film "En ese momento se me vino a la mente el final de "Carrie". La película se había estrenado hace pocos años y tenía un final impactante. Entonces le propuse que Jason saliera del agua y se llevara a la protagonista". La idea era buena, para Cunningham no tenía ninguna lógica, pero era una buena idea. Finalmente le encontraron la vuelta y la convirtieron en una escena onírica, en un sueño cualquier cosa es posible.

Ese no fue el único aporte que hizo Savini, gracias a su trabajo el film se enriqueció con algunas de las imágenes más impactantes de la historia del cine. Nadie más que Tom Savini podría haber hecho un trabajo como ese. En 1968 estuvo a punto de hacer los efectos especiales de la ópera prima de su amigo Romero: "La noche de los muertos vivientes" (George A. Romero, 1968), pero fue convocado para combatir en Vietnam y tuvieron que esperar diez años para tener una segunda oportunidad. Durante su paso por la guerra retrató con su cámara las imágenes más espeluznantes que uno se pudiera imaginar. Una vez que regresó a su casa transformó el horror en arte y utilizó esas fotos para convertirlas en los efectos especiales más shockeantes que jamás se hubieran hecho. "Vietnam me arruinó la cabeza, pero mi trabajo me ayudó. Cuando hice "Dawn of the deads" mi mente estaba repleta de imágenes de lo que había visto en Vietnam y lo mismo me pasó durante el rodaje de "Friday the 13th". Tenía un libro sobre heridas de guerra y esas son heridas que no soles ver en las películas de terror. Esa es la razón por la cual la gente quedó tan impresionada al ver "Friday the 13th".

Una vez reclutado el equipo llegó la hora de armar el elenco. "Cunningham contrató a la castinera de Julie Hughes y Barry Moss. Esta sería la primera vez que trabajaba con ellos, pero no sería la última. Hughes y Moss se encargarían, en los años próximos, de proveerle jóvenes actores para poder masacrarlos en la pantalla.

"No buscaba grandes actores. Quería chicos agradables, no los típicos chicos tontos. Que fueran medianamente lindos, que pudieran repetir sus líneas de dialogo medianamente bien y que cobraran poco" confiesa Cunningham con total honestidad.

La búsqueda duró todo el verano. Más que papeles buscaban estereotipos: la niña buena, la perdedora, la chica sexualmente experimentada, el deportista, el bromista, el posible novio y la "final girl", esta última siguiendo el molde que había cristalizado Laurie Strode en "Halloween".

Dentro de esas jóvenes promesas se encontraba Kevin Bacon que venía de hacer un rol bastante destacado en el clásico de John Landis: "Colegio de animales" (Animal House, John Landis, 1978). Durante muchos años Bacon renegó de este papel. Nunca aceptó acudir a convenciones o reuniones del elenco y durante las entrevistas evitaba hablar de su paso por la franquicia.

Hace muy pocos años su actitud fue cambiando y no fue por algo que tenga que ver con esta saga. Durante los 80s, sin haber sido parte de lo que se denominó el "Brat Pack", fue sin duda uno de los chicos de moda, pero para finales de la década su carrera se vio un poco estancada. En 1990 protagonizó un film de bajo presupuesto que, en contra de todos los pronósticos, se convirtió en un éxito en su paso por los videoclubes convirtiéndose en un film de culto con numerosas secuelas: "Tremors" (Ron Underwood, 1990). Fiel a sus principios no accedió a participar en su continuación y tampoco quiso hablar del tema esperando que se lo valorara por sus papeles más comprometidos. "Tremors" fue tomando vida propia y año a año fue sumando seguidores. En 2018 el mismo Bacon estuvo involucrado en la realización del piloto de una serie sobre esos monstruos que corren por debajo de la tierra, pero el proyecto nunca logró concretarse. A partir de ese momento el actor se amigó con su pasado y volvió a hablar de algunos de esos films que le dieron fama, pero no prestigio, "Friday the 13th" incluido.

Bacon no era la única celebridad. Al elenco de "Friday

the 13th" también se sumó Harry Crosby, el hijo de una de las estrellas más importantes de los años treinta y cuarenta: Bing Crosby. Su carrera no fue muy exitosa. Trabajó, sin suerte, en un par de proyectos a comienzo de los 80s, intentó cantar, pero la sombra de su padre hizo que buscara suerte en algo totalmente diferente. Así que desde 1985, hasta el día de la fecha, se dedica a la actividad bancaria, en la cual le fue mucho mejor que como actor y cantante.

Es muy probable que las nuevas generaciones la conocieran gracias a interpretar a la madre de Jason Voorhees, pero en 1980 Betsy Palmer encarnaba el estereotipo de la mujer buena. Eso la convertía en la asesina ideal ya que nadie sospecharía de ella al aparecer en la pantalla.

En el verano de 1979 se encontraba actuando en una obra en Broadway cuando, de regreso a su casa, su Mercedes se rompió. Hacía tiempo que la idea de cambiar de auto rondaba por su cabeza y aprovechó el incidente para tomar la decisión. El destino hizo que esa noche su agente la llamara por teléfono.

- Betsy, Nos ofrecen un papel en una película.

- ¿Cuánto pagan?

- U$S 10.000 por diez días de trabajo. U$S 1.000 por día.

Las casualidades se iban sumando. El auto que ella quería costaba justamente U$S 10.000.

- Deciles que sí.

- Hay uno solo tema.

- ¿Cuál?

- Es una película de terror.

Como ya comentamos, aparecer en una película de terror por aquellos años no estaba bien visto. En general en esa clase de films cuando aparecía alguien famoso era porque su carrera había tocado fondo (salvo honrosas excepciones como "Gregory Peck" en "La profecía" (Richard Donner, 1976) o Jack Nicholson en "El Resplandor" (Stanley Kubrick, 1980), pero no era lo más común) Betsy lo sabía así que lo pensó unos minutos y se dijo "Es un film de bajo presupuesto. Se va a estrenar en algunos autocines. Nadie la va a ver. Así como vino se va a ir, pero el auto me lo voy a quedar", luego accedió.

Pudiéndoselo tomar a la ligera Betsy Palmer se comportó con una profesionalidad digna de ser destacada. El guion le parecía una porquería, debía hacer sus propias escenas de riesgo (recordemos la escena final en la cual se tiene que revolcar por el piso y molerse a palos con la protagonista), se sometió a las horas de maquillaje necesarias para que Tom Savini tomara un molde de su cara para poder decapitarla y, como si esto fuera poco, tenía que filmar toda la noche con temperaturas muy bajas y en exteriores, aun así, se preocupó por componer un personaje creíble. Durante el proceso de maquillaje Savini le mostró la foto de un niño deforme.

- "¿Y este quién es?
- Jason. Tu hijo.
- ¿Pero por qué se ve tan raro?
- Porque es mogólico.
- Pero en el guion no decía nada al respecto.
- Pero es mejor visualmente.

Aunque parezca mentira esto fue fundamental para que Betsy Palmer pudiera componer a su Mrs Voorhees. Enterarse de que su hijo era discapacitado hizo que pudiera entender a su personaje. Era la madre de un chico son Síndrome de Down. Se lo había dejado al cuidado de unos jóvenes que en vez de cuidarlo se fueron a tener relaciones y su hijo se ahogó. Como madre de un chico con problemas es normal que hubiera desarrollado una necesidad de protegerlo mayor a la que hubiera tenido si su hijo no hubiese padecido ninguna enfermedad. Si además no estaba bien de sus cabales, es posible que el trauma hubiese despertado la necesidad de que el Campamento "Crystal Lake" no abriera nunca más sus puertas.

Así como Savini se encargó del lado visual del terror, Manfredini se encargó de su costado intangible. "Friday the 13th" no hubiera sido lo mismo sin su icónica banda de sonido.

Una noche, mientras comían en la casa de Manfredini en Connnecticut, Sean le dijo "Voy a filmar la película más aterradora de la historia. Se va a llamar "Viernes 13" y vos vas a hacer la música". En su momento, conociendo el entusiasmo de su amigo, el compositor no

46

pensó que eso se haría realidad, pero cuando el film estuvo listo y vio el primer corte final le dijo: "Acabo de ver el primer corte. Me voló la cabeza".

Hoy en día uno está acostumbrado a las imágenes impactantes, pero en 1980 el público no estaba preparado para lo explicitas que eran las muertes que ofrecía el film de Cunningham. Aunque muchos la consideran una película de bajo presupuesto, mal hecha, filmada por gente que solo buscaba un rédito económico esta cinta perdura hasta el día de hoy porque en ella trabajaron personas que se lo tomaron muy en serio y dieron lo mejor que tenían.

Manfredini le propuso a su amigo que trataran a la banda de sonido desde un punto de vista conceptualmente diferente a lo que se solía hacer en este tipo de films. En vez de que la música refuerce cualquier escena: ya sea de suspenso, amor o comedia. Su idea era que estuviera presente solamente cuando el asesino estuviera en la pantalla (por más que en la mayoría de las veces se mantuviera fuera de cuadro), esto generaría una presencia intangible y oscura del asesino, al cual lo veríamos recién al final. A Cunningham le gustó la idea y si ven nuevamente el film observarán que, por más que uno recuerda su banda sonora, las escenas donde esta se puede apreciar son muy pocas.

Cuando el músico le preguntó que estilo de música tenía en mente el director le dijo que se había quedado muy impactado con el tema principal creado por Jerry Goldsmith para "La profecía" (Richard Donner, 1976). Se refería a "Ave Satani", que gracias a sus coros le da a la cinta un tono demoníaco a pesar de que el film evita, conscientemente, tener imágenes sobrenaturales. Esta composición le otorgó su primer y único Oscar a su creador, el cual fue nominado 17 veces para ganarse la estatuilla en esa categoría.

La respuesta de Manfredini fue que dado el presupuesto que tenían iba a ser difícil incluir un coro y la cantidad de músicos necesarios como para lograr algo parecido, pero tenía una idea que podía resultar interesante.

Por aquel entonces el músico estaba estudiando la obra de Krzysztof Penderecki. Para la creación de la mítica banda sonora se inspiró en una pieza en particular de

Penderecki en la cual el coro resaltaba de manera muy enfática y dramática la última letra de cada palabra.

En "Viernes 13" Jason funciona casi como un McGuffin (este es un término creado por Alfred Hitchcock para denominar un elemento de la trama que, por más que no lo veamos y muchas veces ni sepamos cómo es, hace avanzar la acción). En la primera versión del guion Jason ni siquiera aparecía, vivía en la cabeza de su madre a quien le decía que debía matar a cualquiera que intentara reabrir el campamento de verano. Cuando Manfredini vio el primer corte tomó la escena en la cual la asesina persigue a la última sobreviviente mientras que en su mente escucha la frase: "mátala mami" ("Kill her, mommy"). Agarró su micrófono y grabó la consonante "K" seguida de la "H" y luego la silaba "Ma", luego lo paso por su Echoplex, un aparato que recién aparecía, que hacía repetir sonidos como si fueran ecos hasta que iban desapareciendo, logrando el famoso: "Ki, ki, ki, Ma, ma, ma". Ese efecto se volvió inseparable de la franquicia y hasta el día de hoy Manfredini cobra cada vez que se utiliza.

"Halloween" (John Carpenter, 1978) modificó muchas

cosas, una de ellas el modelo de distribución. Hasta ese momento las productoras importantes generaban grandes películas y las distribuían a nivel mundial. En el caso de "Halloween", la United Artist compró un film de muy bajo presupuesto y lo promocionó como si fuera uno de sus tanques consiguiendo una estrategia ganadora la cual cambiaría el modelo de producción de la noche a la mañana.

Era de esperar que todas las productoras intentaran replicar el fenómeno. Comprar películas de terror de bajo presupuesto, pero de una factura técnica aceptable y promocionarlas como si no lo fueran. La idea, más que nada, era utilizar este tipo de films para rellenar los baches durante el año en los cuales los estudios no estrenan sus grandes producciones.

Un año más tarde la Paramount lograría replicar la hazaña con "Meatballs" (Ivan Reitman, 1979). La película había costado U$S 1.600.000 y terminó recaudando U$S 46.000.000.

Con esta idea en mente Frank Mancuso, vicepresidente de distribución de la Paramount, compró "Friday the 13th".

El más contento de todos era Sean S. Cunningham. Su película había costado medio millón de dólares y, solo por derechos de distribución, había ganado dos millones y medio de dólares. Sus planes eran hacer una película de bajo presupuesto que, imitando el modelo de "Halloween", lograra algún rédito económico y, sin quererlo, había conseguido un film que sería distribuido localmente por la Paramount y a nivel mundial por Warner Brothers.

"Viernes 13" se estrenó el 9 de mayo de 1980 en más de mil salas. En su fin de semana de estreno se posicionó en el puesto número uno recaudando casi seis millones de dólares (casi treinta ajustado a la inflación). La Paramount, viendo que tenía un tanque entre las manos, invirtió U$S 500.000 más en publicidad a la semana de su estreno y U$S 1.000.000 extra cuando pasado el mes la película seguía en cartel.

El film más taquillero de 1980 fue la imbatible "El imperio contraataca" (The empire stickes back, Irvin Keshner, 1980) pero "Viernes 13", con su ínfimo presupuesto, superó a producciones a las cuales Hollywood había apostado todas sus fichas como: "Fama" (Alan Parker, 1980), "Flash Gordon" (Mike Hodges, 1980), "Toro salvaje" ("Raging Bull", Martin Scorsese, 1980), "Xanadu" (Robert Greenwald, 1980) y "American Gigolo" (Paul Schrader, 1980), al reestreno de "Tiburón 2" ("Jaws 2", Jeannot Szwarc, 1978), "Mad Max" (George Miller, 1979), "El hombre elefante" ("The Elephant Man", David Lynch, 1980), "La niebla" ("The Fog", John Carpenter, 1980), "Vestida para matar" ("Dressed to kill" Brian De Palma, 1980) y "El cantante de jazz" ("The jazz Singer", Richard Fleischer, 1980) por nombrar solo algunas que hoy siguen siendo destacadas por la crítica.

Y pasó algo que nadie tenía pensado. Debido al furor que "Friday the 13th" había generado en taquilla de inmediato comenzaron a aparecer copias. Estas copias hacían lo mismo que "Viernes 13" había hecho con "Halloween", copiar el molde. En el año que pasó desde el estreno de "Viernes 13" y "Viernes 13 parte 2" se estrenaron cientos de copias. Nombraremos algunas solo para tomar la dimensión del fenómeno que generó el éxito de "Viernes 13": "Prom Night" (Paul Lynch, 1980), "He knows you are alone" (Armand Mastroianni, 1980), "The boogeyman" (Ulli Lommel, 1980), "Terror train" (Roger Spottiswoode, 1980), "The Unseen" (Danny Steinmann, 1980), "To all a goodnight" (David Hess, 1980), "Schizoid" (David Paulsen, 1980), "New year´s evil" (Emmett Alston, 1980), "Motel Hell" (Kevin Connor, 1980), "The Prowler" (Joseph Zito, 1981), "My bloody valentine" (George Mihalka, 1981), "The burning" (Tony Maylam, 1981), "Just before dawn" (Jeff Lieberman, 1981), "Night School" (Ken Hughes, 1981), "Final exam" (Jimmy Huston, 1981), "Graduation day" (Herb Freed, 1981), "The Funhouse" (Tobe Hooper, 1981), "Hell Night" (Tom DeSimone, 1981), "Madman" (Joe Giannone, 1981), "Don´t go into the Woods" (James Bryan, 1981), "Eyes of the stranger" (Ken Wiederhorn, 1981), "Bloody birthday" (Edward Hunt, 1981) y cabe destacar que a todas les fue bien en taquilla.

En muchos casos ni siquiera eran Slashers y muchas habían sido filmadas antes del estreno de "Friday the 13th" pero fueron reconvertidas, ya sea filmando escenas nuevas para que parecieran un Slasher o mintiendo en sus campañas publicitarias.

Sin dudas fue un fenómeno sin precedentes, las pantallas del mundo se llenaron de sangre y las ligas de moralidad no tardaron en aparecer.

Grupos católicos, ligas feministas, agrupaciones de padres y un sector de la prensa de espectáculos se unió para repudiar esta nueva moda.

Se decía que incentivaban a la violencia, que eran misóginas (porque los asesinos solían matar a mujeres) y fomentaban el consumo de drogas y el sexo prematrimonial. Las productoras en vez de preocuparse veían a todas estas manifestaciones como prensa gratis. Cuanto más se hablara de estos films, más curiosidad despertarían generando un círculo virtuoso en el cual los únicos beneficiarios serían ellos. "Un crítico dijo que Sean y yo deberíamos ir presos. Estoy seguro que estos comentarios ayudaban a la taquilla" dijo Victor Miller en su momento "Si nos preocupara lo que diga la crítica, seguramente estaríamos haciendo malas películas. Nosotros solo le estamos dando al público lo que el público quiere ver".

El fenómeno "Viernes 13" hizo que la MPAA, el organismo encargado de calificar a las películas, se volviera más duro. Es por eso que muchas de las secuelas fueron mucho menos sangrientas que las primeras de la serie.

La rueda ya estaba en marcha. La Paramount probó la sangre y, como cualquier animal salvaje, pidió más.

## OTROS SLASHERS DE 1980

"Prom Night" (Paul Lynch, 1980)

"Terror train" (Roger Spottiswoode, 1980)

"To all a goodnight" (David Hess, 1980)

"Maniac" (William Lustig, 1980)

"New year's evil" (Emmett Alston, 1980)

"He knows you are alone" (Armand Mastroianni, 1980)

"Schizoid" (David Paulsen, 1980)

"Motel Hell" (Kevin Connor, 1980)

"Christmas Evil" (Lewis Jackson, 1980)

"Fade to black" (Vernon Zimmerman, 1980)

# CAPITULO IV

## VIERNES 13 PARTE 2 (1981)

*"Viernes 13 parte 2" fue, quizás, la secuela más rápida en aparecer de la historia del cine. A los cinco meses de estrenada "Viernes 13" la Paramount dio luz verde al nuevo proyecto.*

Había un solo problema, el padre de la bestia no estaba de acuerdo. Durante veinte años su nombre venía relacionándose al cine de terror y ese no era su plan. Cunningham había hecho esas películas con el film de que le sirvieran como plataforma para entrar a Hollywood. Si aceptaba hacer la continuación de "Viernes 13" su plan se vería frustrado y quedaría atado a ese género para siempre. La productora y el director resolvieron amablemente el tema legal y Sean, aprovechando la ola, se embarcó en diferentes proyectos, los cuales, lamentablemente, no llegaron a ver la luz del sol.

Su sueño se haría realidad dos años más tarde. En 1982 logró dirigir un film dentro de Hollywood: "Un extraño te espía" ("A stranger is watching", Sean S. Cunningham, 1982). Una adaptación, a cargo de su amigo Victor Miller, del best seller del mismo nombre de la exitosa escritora de novelas de suspenso Mary Higgins Clark.

La Metro Goldwyn Meyer invirtió U$S 3.200.000 en el proyecto, tuvo todo el control, consiguió que el argentino Lalo Schifrin le hiciera la música, que Rip Torn (un actor famoso por aquellos tiempos) interpretar al villano y, esta vez, con todo a favor, Cunnigham sufrió el traspié más grande de su carrera. Fue un fracaso absoluto. Recaudó apenas U$S 500.000 y sepultó, para siempre, su posibilidad de triunfar en las grandes ligas.

Un año más tarde tuvo que volver a la temática teen con: "Spring Break" (Sean S. Cunningham, 1983), una comedia en la línea de Porky´s (Bob Clark, 1981) con la cual lograría redimirse un poco, pero el tren ya había pasado.

Con la cabeza gacha volvió al género que le había dado un nombre dentro de la industria y la mayor parte de su carrera se la pasó produciendo films de terror. Algunos de ellos fueron bastante exitosos como: "House" (Steve Miner, 1985), su secuela "House II" (Ethan Wiley, 1987). Luego volvió a asociarse a algunas de las secuelas de la saga "Viernes 13", pero para eso todavía falta.

Volviendo a "Viernes 13, parte 2". Sin su director original Steve Miner, terminó ocupando ese rol. Su nombre surgió de manera natural. Miner se había pasado una década pagando el derecho de piso. Ocupó varios roles en la primera entrega, incluso se había encargado de dirigir varias escenas como director de la segunda unidad.

"Viernes 13" se había estrenado en junio de 1980 y su secuela se estrenó en mayo de 1981. Está claro que todo se hizo a una velocidad inaudita y no hubo mucho tiempo para reclutar gente nueva. Es por eso que la mayoría del equipo técnico de la primera entrega volvió a ocupar los mismos roles en la segunda, pero las bajas que sufrió la secuela fueron de personas claves en el éxito de la original.

"Viernes 13 parte 2" no solo tuvo un nuevo director, sino que su guionista tampoco quiso tener nada que ver con esta entrega: "Desde el primer momento estuve en contra de que se hiciera una segunda parte. La asesina estaba muerta. El verdadero Jason también estaba muerto. Lo que vemos era un producto de su imaginación. No había historia posible" dijo Miller cuando se le preguntó por qué se negó a escribir la segunda parte.

Cunningham propuso utilizar solamente el título y generar una historia totalmente diferente y que cada entrega no tuviera nada que ver con la anterior. Esta misma idea la tuvo John Carpenter años más tarde cuando se negó a continuar con el personaje de Michael Myers. El resultado fue "Halloween III" (Tommy Lee Walace, 1982), un fracaso absoluto que sepulto durante seis años a la franquicia, la cual tuvo que revivir a su asesino original en "Halloween 4, el regreso de Michael Myers" (Dwight H. Little, 1988).

La Paramount prefirió romper las reglas de la

lógica y revivir a Jason. Para esto convocaron a Ron Kurz, quien había reescrito muchas escenas de la original, para que se hiciera cargo del guion.

Kurtz fue el encargado de responder todas las incoherencias: Si la asesina estaba muerta y el hijo estaba muerto ¿Quién sería el asesino? Hoy parece una obviedad, pero en ese momento el concepto de que Jason era inmortal no existía. Kurtz comenzó a desarrollarlo en esta segunda parte. En "Viernes 13, parte 2" vemos a un Jason en desarrollo. Se establece que es adulto, cuando es golpeado siente los golpes, pero el tema de si es o no es inmortal todavía no está tan claro. El segundo tema a resolver fue ¿quién sería la protagonista?

El personaje de Adrienne King había sobrevivido a la masacre, pero la vida real se cruzó con la ficción. Luego del estreno de "Viernes 13" la actriz comenzó a recibir llamadas en su domicilio de un fanático. Poco a poco estas llamadas de lo que podría ser un fan molesto se convirtieron en acoso. Los elogios se convirtieron en amenazas y Adrienne comenzó a vivir en su vida personal el terror que había sufrido en la pantalla.

Esta persona comenzó a perseguirla poniendo en riesgo su vida. Esto hizo que el que podría haber sido el comienzo de una carrera en Hollywood terminara de manera abrupta. La actriz, aterrada, se retiró de la actuación. Cuando los productores la convocaron su agente pidió un dinero imposible de pagar, pero llegaron a un acuerdo para que pudiera darle cierre a su personaje al comienzo del film. Es por eso que la película comienza con un teaser en el cual su personaje es asesinado, en su casa, por Jason. Fue un solo día de rodaje y la actriz no tuvo interacción con nadie del nuevo elenco.

Lo que Kurz tenía claro era que la secuela seguiría el mismo molde del episodio anterior. Un grupo de jóvenes llegan al campamento los cuales serán masacrados uno a uno.

El film comienza con un recuento de lo sucedido en la primera parte para refrescar la memoria de los espectadores. Recordemos que hablamos de una época previa al uso masivo del VHS, con el cual los espectadores pudieron volver a ver films que ya no estaban en cartel. Este era un recurso muy popular por aquellos años, el ejemplo que quizás todos recuerdan inmediatamente es el de la saga de Rocky Balboa. Cada film de Rocky arranca con la pelea final de la película anterior a modo de teaser. Esta modalidad quedó en desuso y se retomó en muchas series a partir del siglo XXI para hacer un recuento de los algunos momentos importantes bajo la modalidad: "previously on" en series como "Lost" o "Breaking Bad".

Otro recurso que Kurz utilizó para explicarle al espectador, esta vez lo inexplicable, fue el discurso en la escena del fogón en el cual el coordinador nos cuenta que Jason en realidad nunca murió y pasó todos esos años viviendo solo en el bosque cazando animales y comportándose como un animal. Una vez resuelto los cabos sueltos el resto del guion fue fácil de solucionar y en dos semanas lo tuvo terminado.

El único punto no resuelto se solucionó fuera de la pantalla. Nunca nos explican cómo hace Jason para localizar a la asesina de su madre. La respuesta está en la novelización del film que se hizo por aquel entonces donde nos cuentan que, luego de las traumáticas vivencias que Alice experimentó en Crystal Lake, por consejo de su terapeuta, la joven regresa al campamento para tratar de sanar sus heridas psicológicas. En ese momento Jason la ve y decide seguirla hasta su hogar. No es la mejor de las excusas, pero es la que se le dio a los fans.

Otra pieza fundamental para el éxito de la primera entrega que no se sumó a la secuela fue Tom Savini. El maestro de los efectos especiales, e ideólogo de la escena final en la cual vemos al joven Jason saliendo del agua, tampoco estuvo de acuerdo con que de golpe veamos a un Jason adulto rompiendo las bases creadas en el film anterior. Prefirió encargarse de hacer esa labor en "Midnight" (John Russo, 1982) un fracaso comercial, hoy de culto, dirigida por un viejo amigo de Savini. Para quienes no lo recuerdan Russo fue el guionista de la célebre "La noche de los muertos vivientes" ("The night of the living deads", George A. Romero, 1968) en la cual

Savini no pudo participar por estar en Viet Nam. Esta vez pudo darle una mano a su amigo, pero los resultados no fueron los esperados. 1981 fue un año muy agitado para Tom Savini, además de sus aportes en "Midnight" desplego su magia en films que si fueron exitosos como: "The Burning" (Tony Maylan, 1981) y "The Prowler" (Joseph Zito, 1981) los cuales eran descaradas copias de "Viernes 13" pero sin Jason. Como si todo esto fuera poco hasta se hizo tiempo para actuar en el film de otro de sus amigos: "Knightriders" (George A. Romero, 1981), una versión actualizada sobre la leyenda del Rey Arturo en la cual se reemplazan los caballos por motocicletas.

Al rechazar la oferta les propuso a los productores que tuvieran en cuenta a Stan Winston, una joven promesa que en el futuro ganaría varios Oscars. Sus trabajos más recordados son: "Terminator 1 y 2", "Aliens", "Jurassic Park" y "Titanic". Winston tampoco pudo quedarse en el proyecto, lo único que podemos ver de su trabajo en "Viernes 13, parte 2" es la cabeza de la madre de Jason, la cual se utiliza en varias escenas de la película. Esta cabeza no se hizo en base a los rasgos de Betsy Palmer, sino que se tomó de molde a un actor con la intención de que el final, cuando vemos la cabeza de la madre este hiciera un guiño mirando a la cámara. La escena se llegó a filmar, pero como quedaba ridícula con respecto al tono general de la película fue descartada.

Con el rodaje a punto de comenzar Steve Miner recurrió a uno de los referentes máximos de todos aquellos que se dedican al arte del maquillaje: Dick Smith, encargado de esta labor en clásicos como: "El padrino 1 y 2", "El Exorcista" y "Taxi Driver". El maestro le recomendó a quien por aquel entonces era una joven promesa: Carl Fullerton.

Hasta ese momento había trabajado en pocos films, pero bastante populares, entre los cuales se destacan: "El Mago" ("The Wiz", Sidney Lumet, 1978) y "Estados Alterados" ("Altered states", Ken Russell, 1980).

Años más tarde sería nominado al Oscar por "Remo Williams" (Guy Hamilton, 1985) y por "Philadelphia" (Jonathan Demme, 1993). A lo largo de su carrera su curriculum se nutriría de films como: "El Ansia" ("The Hunger", Tony Scott, 1983), "Buenos muchachos"

("Goodfellas", Martin Scorsese, 1990), "El padrino III" ("The Godfather part III", Francis Ford Coppola, 1990) y "El silencio de los inocentes" ("The silence of the lambs", Jonathan Demme, 1991) por nombrar algunas. Con esto queremos decir que el encargado de hacer los efectos de "Viernes 13, parte 2" tenían un talento descomunal.

Una de las muertes de esta entrega que generó más polémica fue la de la de Mark, el chico en silla de ruedas. Los críticos se ensañaron con esta película cuando vieron que ni los discapacitados se salvaban. Gene Siskel, en el programa que compartía con Roger Ebert, dijo que cuando vio esa escena se indignó tanto que estuvo a punto de hacer algo que no había hecho nunca: levantarse de cine. Estaba claro que "Viernes 13" se había convertido en el chivo expiatorio donde poder castigar a todo el género Slasher. Prueba de esto es que años atrás Tobe Hooper había hecho lo mismo (asesinar a un invalido) en "La masacre de Texas" ("The Texas Chainsaw Massacre", Tobe Hooper, 1974), la cual había sido perdonada por la crítica mundial al convertirse en un film de culto.

Volviendo a los efectos de "Viernes 13, parte 2", lo que nadie se podía imaginar es que Carl Fullerton haría otro aporte importantísimo cuarenta años más tarde. Debido a los cortes que la censura le hizo al film muchas de las muertes quedaron severamente mutiladas. Durante década se pensó que ese material se había perdido para siempre. Cuando la editora "Shout! Factory" se propuso reeditar toda la saga en 4k, como parte de los extras, comenzó a filmar nuevos documentales sobre cada uno de los films. Revisando entrevistas hechas en el pasado encontraron una en la que Greg Nicotero comentaba que había visto metraje perdido de "Viernes 13, parte 2" gracias a la colección personal de Fullerton. Al parecer el especialista en efectos especiales, sabiendo que el film iba a ser censurado, le pidió al editor que le grabara en un VHS la primera versión del film con la intención de utilizar el metraje para armar un porfolio de su trabajo. Ese material estaba juntando polvo en la casa de Fullerton destinado a perecer debido a la poca vida útil que suele tener ese formato. Inmediatamente se pusieron en contacto con él y se llegó a un acuerdo para acceder el material. Cuando la gente de Shout! Factory lo vio se sorprendió de la buena calidad que tenía. Al parecer las primeras cintas de VHS eran mucho mejores que las que se comercializaron años más tarde. Luego de una remasterización, y gracias a Carl Fullerton, se logró lo que parecía imposible: Hoy se puede ver la versión jamás vista de este film.

Cuando uno ve las películas de esta saga tiende a pensar que una de las cosas más fáciles de resolver es la elección del actor que interpreta a Jason, esto no es tan así. No basta con contratar a un tipo grandote y ponerle una máscara. Cuando se tomó la decisión de que en esta entrega Jason fuera el villano comenzó la búsqueda de la persona ideal para ese trabajo. Miner quería hacer acercamientos al personaje durante las escenas de acción, por lo tanto, quien lo interpretara tendría que ser su propio doble de riesgo.

El actor elegido fue Warrington Gillette, quien había audicionado, sin éxito, para el papel Paul, el coordinador del grupo de jóvenes que morirían a lo largo del film. La única duda era si Warrington iba a poder encargarse de las escenas de acción. El actor le dijo a Miner que no se preocupara, que ya había trabajado como doble de riesgo en el pasado. Con el tema resuelto comenzó el rodaje.

A los pocos días de comenzada la filmación Miner comenzó a tener dudas sobre si Gillette iba a poder cumplir con su promesa. Cuando se comenzaron a hacer las escenas peligrosas el resultado era un Jason temeroso, algo inaceptable cuando lo que se buscaba era que diera miedo a los espectadores. Rápidamente fue desvinculado del proyecto. Desesperados se lanzaron a la búsqueda de un sustituto.

Fue ahí cuando entró a escena Steve Daskawisz (hoy conocido como Steve Dash), un ex policía que se encontraba sin trabajo. Siempre había soñado con ser actor, de hecho, había participado, un año atrás, en "Halcones de la noche" ("Nighthawks", Bruce Malmuth, 1981) un policial protagonizado por Sylvester Stallone y Rutger Hauer. En aquel rodaje había conocido a Cliff Cudney, un doble de riesgo que en ese momento se estaba encargando de coordinar las escenas de acción en "Viernes 13, parte 2": "Recuerdo que estaba buscando empleo cuando me lo encontré. Mientras charlábamos me incomodó la manera en la que me miraba. Me miraba de arriba a abajo de una manera bastante incisiva. Por un momento pensé que era gay y estaba tratando de levantarme" comenta Dash con una sonrisa "Después me enteré que lo que estaba haciendo, en realidad, era cerciorándose de que diera con el tipo físico para el personaje". Entusiasmado con la propuesta el actor vendió su casa y se mudó a Brooklyn cerca de donde se estaba rodando la película "hacía seis meses que no trabajaba, estaba desesperado y no iba a dejar pasar esa oportunidad".

Miner y el equipo lo estaban esperando ansiosos. Cuando llegó el actor todo se puso en marcha, pero había un tema más por resolver. Todo el vestuario y las prótesis estaban pensadas para Gillette y Dash era mucho más corpulento. El pobre actor se pasó el rodaje usando zapatos dos talles más chicos porque el presupuesto era tan acotado que no había plata ni siquiera para un par de zapatos nuevos. Lo que no se podía resolver era el tema de las prótesis. Todas estas habían sido confeccionadas para ser aplicadas en la cara de Gillette. Es por esto que se lo tuvo que contratar nuevamente para que apareciera en las últimas tomas en las que vemos a Jason sin la bolsa en la cabeza. El recurso de taparle la cara a Jason con una bolsa fue en gran medida para evitar usar la prótesis y poder resolver más escenas sin necesidad de cambiar de actor, son muy pocas tomas en las que vemos la cara de Jason.

La idea de usar una bolsa fue sacada de dos films. El primero fue "The town that dreaded sundown" (Charles B. Pierce, 1976), una película ligeramente basada en un hecho real ocurrido en Texas en 1946 y la segunda "El hombre elefante" ("The elephant man", David Lynch, 1980), también basada en un hecho real. En los dos casos sus protagonistas ocultan sus rostros debajo de una bolsa de arpillera. En el caso de "El hombre elefante", comparte el hecho de que la bolsa tiene un solo agujero por donde poder ver hacia el exterior. Esto hacía que las escenas de riesgo sean aún más complicadas de realizar para Dash, ya que la visión se le reducía un 50%.

La anécdota más escalofriante que cuenta Dash tiene que ver con la secuencia final donde la protagonista intenta engañar a Jason vistiéndose con el pulóver de su madre. Los que vieron el film recordarán que la actriz levanta un machete y trata de pegarle en la cabeza, pero Jason logra bloquear el golpe levantando un pico. En una de las tomas la protagonista erra el golpe y clava el machete en la mano del actor "Creímos que había pedido el dedo. Todo el equipo técnico se tiró, literalmente, al piso a buscar mi dedo. Afortunadamente había quedado colgando de mi mano. Me llevaron inmediatamente a un hospital donde lograron cocérmelo. Me dieron trece puntos. Al rato ya estábamos de vuelta y seguimos con el rodaje como si nada hubiera pasado" comenta Dash demostrando su profesionalismo y entrega hacia el personaje.

Dado que Gillette fue al que se lo ve sin la bolsa, injustamente, se le terminó acreditando el papel de Jason en vez de a Steve Dash, por más que Steve haya encarnado el rol en casi todo el metraje. En los títulos Dash aparece como doble de riesgo de Jason.

Dash y Gillete no fueron las únicas personas que interpretaron a Jason en "Viernes 13, parte 2". En los primeros minutos de la película vemos a un niño jugando junto al cordón de la vereda hasta que su madre lo llama. En ese momento vemos los pies de Jason. Ellen Lutter, vestuarista del film, se encargó de ponerse, literalmente, en los zapatos de Jason convirtiéndose en la primera, y única, mujer en interpretar al famoso asesino enmascarado.

Aparte de Alice, el otro personaje que volvemos a ver brevemente en la secuela es a Pamela Voorghees (la madre de Jason), no solo la prótesis de su cabeza, sino que la actriz aparece brevemente en la escena en la cual Jason es engañado al final del film. Estas tomas fueron dirigidas por Wes Craven, el cual no aparece acreditado en el film, el cual realizó esta labor en una sola jornada solo para ayudar a Miner, con el cual era amigo desde el rodaje de "La última casa a la izquierda" ("The last house on the left", Wes Craven, 1972).

Betsy Palmer creía que se había librado de "Viernes 13" para siempre cuando sonó el teléfono en su casa "Era Steve que me pedía si podía ir a su oficina para grabar unas líneas de dialogo. Por más que no me hubiera gustado el film no podía decirles que no. Fue muy rara la situación. Recuerdo estar leyendo el dialogo mientras pensaba ¿Qué Jason? ¿No se había ahogado? ¿Qué está pasando?" cuenta la actriz que hoy en día se amigó con la idea de ser recordada por este papel más que por toda su carrera previa "Es la misma reacción que tengo cada vez que me encuentro con un fan del film y les digo que Jason está muerto, pero ellos no me creen".

Por lo que cuentan los que participaron del rodaje la filmación fue bastante agradable. El bajo presupuesto hizo que no se pudiera alquilar hoteles y todos durmieron en las mismas cabañas que vemos en la película. "Lo peor era el frío. Las noches eran heladas y las cabañas no estaban calefaccionadas, pero éramos jóvenes y nos divertíamos todo el tiempo. Una de las bromas más frecuentes era, por las noches, esconderse entre los arbustos y asustar a cualquiera que pasaba o si veías a alguien caminando por el bosque comenzar a hacer: ki, ki, ki, ma, ma, ma" cuenta Stuart Charno, el actor que interpretaba a Ted, el bromista del grupo.

Durante muchos años los fans no han sabido donde ubicar a "Viernes 13, parte 2". Muchos la consideran como un relleno entre la 1 y la 3, en la cual vemos al Jason que todos conocemos. Incluso es criticada por la poca sangre que se ve en el film. "Luego del estreno de la primera parte la MPAA se puso muy exigente" comenta Miner", y nosotros éramos el blanco que estaban esperando. Tuvimos que cortar muchas escenas para que no nos dieran una calificación "X" (la que se usa para los films condicionados). Además, yo quería que los personajes en esta entrega fueran más realistas y para eso necesitaba minutos que terminé sacándoselos a las escenas de terror". De todos modos, hay una luz de esperanza "Hay varias escenas que no quedaron el film. Espero que algún día la Paramount edite una copia con todo el metraje que nos hicieron sacar así todo el mundo queda feliz" algo que, como comentamos, sucedió cuarenta años más tarde.

Otra de las grandes controversias de "Viernes 13, parte 2" es su final. Al espectador no le queda claro que pasó con Paul. Durante años corrieron rumores que decían que el actor había abandonado la filmación antes de que terminara el rodaje, pero su guionista explicó lo sucedido en más de una ocasión: "es uno de esos casos donde el guion no llega bien a la pantalla. Se supone que Paul está muerto y que Ginny al día siguiente pregunta por él. Cuando la policía le dice que todavía no pudieron encontrarlo vemos a la madre haciendo un gesto como diciendo que está contenta porque sabe que Jason se había encargado de él. Bueno, a nadie le quedó claro esto". Comenta Kurz desligando al actor de toda responsabilidad sobre el confuso "si tan solo le hubieran dado más control a Steve sobre el film, esto no hubiera ocurrido".

"Viernes 13, parte 2" se estrenó en 1350 salas el primero de mayo de 1981 en Estados Unidos recaudando

U$S 6.4 millones en su primer fin de semana, mucho más de lo que había logrado el primer film.

Terminó recaudando U$S 21.2 millones, casi la mitad de su antecesora. Esto se debe, en parte, a que en el lapso transcurrido entre los dos films cientos de copias inundaron el mercado haciendo que para cuando la segunda entrega llegara a las salas el público ya no la veía como una novedad. A pesar de eso superó en taquilla a producciones con más presupuesto, estrellas y prestigio como: la apuesta para ese año de Sylvester Stallone "Halcones de la noche" ("Nighthawks", Bruce Malmuth, 1981), el clásico licántropo "Aullidos" ("The Howling", Joe Dante, 1981), el primer gran éxito de Cronenberg "Scanners" (David Cronenberg, 1981), el film de ciencia ficción con Sean Connery "Atmosfera cero" ("Outland", Peter Hyams, 1981), una de las películas preferidas de Quentin Tarantino, por la cual contrató a Travolta para "Pulp Fiction" (Quentin Tarantino, 1994) "Impacto" ("Blow Out", Brian De Palma, 1981), otro gran film de terror que sería novelado por el creador de best sellers Dean Koontz "Carnaval del terror" ("The Funhouse", 1981), el thriller que puso en el mapa a Oliver Stone "La mano" ("The hand", Oliver Stone, 1981), la superproducción de Peter Wier con Mel Gibosn como protagonista "Gallipoli" (Peter Weir, 1981) por nombrar solo algunas demostrando que esta pequeña película sobrestimada por los críticos seguía siendo una apuesta muy redituable para la Paramount.

Es por esto que era inevitable que, un año más tarde, Jason volviera a la pantalla, pero esta vez, usando una máscara de Hockey.

## OTROS SLASHERS DE 1981

"Halloween 2" (Rick Rosenthal, 1981)

"Happy birthday to me" (J Lee Thompson, 1981)

"The Prowler" (Joseph Zito, 1981)

"My bloody Valentine" (George Mihalka, 1981)

"The Burning" (Tony Maylam, 1981)

"Just Before Dawn" (Jeff Lieberman, 1981)

"Night School" (Ken Hughes, 1981)

"Final Exam" (Jimmy Huston, 1981)

"Graduation Day" (Herb Freed, 1981)

"The Funhouse" (Tobe Hooper, 1981)

# CAPITULO V

## VIERNES 13, PARTE 3 (1982)

La saga de "Viernes 13" siempre intentó estar conectada con las tendencias. A comienzos de los 80´s volvió a ponerse de moda el cine en 3D, es por eso que en 1982 para ver a Jason el público tuvo que ponerse los caracteristicos anteojos bicolor.

### Breve historia del cine en 3D

Los primeros intentos de hacer películas en tres dimensiones se dieron al mismo tiempo que se creaba la primera cámara cinematográfica.

Entre 1890 y 1922 se hicieron cientos de prototipos, los cuales fracasaron por lo complejo que resultaba crear

81

ese efecto. Hasta que en 1923 se estrenó el primer largometraje en 3D: "The power of love" (Harry K. Fairall, 1923). Aunque al film le fue bien, por la caída de Wall Street, esta modalidad no pudo escalar debido a los altos costos que demandaba esta nueva tecnología. Pero algo nuevo había aparecido y a partir de ese momento el 3D fue el recurso al que acudió Hollywood cada vez que la gente dejaba de ir al cine.

Con la aparición de la televisión gran parte del público prefirió quedarse en su casa para ver programas, series, o algún viejo film antes de pagar una entrada para ver un estreno. Como acabamos de decir, las productoras se acordaron de ese invento y lo utilizaron como anzuelo para tratar de inyectarle un aire de novedad a las propuestas de siempre. Fue así que a comienzos de la década del 50 se estrenó "Bwana Devil" (Arch Oboler, 1952), la que se considera el primer film 3D en colores. Aunque a la película le fue relativamente bien el primer gran éxito con esta tecnología fue: "El museo de cera" ("House of wax", Andre de Toth, 1953) protagonizada por Vincet Price y un joven Charles Bronson. Su director ya había dirigido una versión de este clásico en 1933 sumándose al selecto grupo de directores que dirigieron remakes de sus propias películas. Estamos hablando de gente como: Hitchcock con "El hombre que sabía demasiado" (1934 / 1956) o Howard Hawks con "Rio Bravo" (1959) y "El dorado" (1966) por nombrar un par. Lamentablemente Andre de Toth no pudo disfrutar del 3D de su película porque le faltaba un ojo y lo único que lograba con los anteojos era verla en 2D y en un solo color.

El problema con el 3D de la década del 50 era que sólo accedían a la tercera dimensión los espectadores que se sentaban en el centro de la sala y el efecto se iba perdiendo a medida que te sentabas en butacas más distantes.

La aparición del video hogareño y la televisión por cable hicieron que, a comienzos de los 80s, la industria recurriera a esta modalidad para competir con estas nuevas amenazas que hicieron que la gente prefiera, nuevamente, quedarse en su casa. Fue así como entre 1981 y 1984 Hollywood apostó al 3D y "Viernes 13, parte 3" no se quedó afuera. Dio la casualidad que por aquellos años se estrenaran muchas terceras partes de películas exitosas y los genios del marketing aprovecharon esto para agregarle al "3" (de la tercera parte) la "D" (de la tercera dimensión), así películas que no necesitaban ser vistas en 3D se valieron de este gancho comercial para atraer al público. Las más conocidas fueron: "Amityville 3D" (Richard Fleischer, 1983), "Tiburón 3D" (Joe Alves, 1983) y por supuesto "Viernes 13 3D" (Steve Miner, 1982). Este fue un boom que duró muy poco tiempo y para 1984 ya estaba agotado. Cuando films como "Emmanuelle 4" (Francis Leroi, Iris Letans, 1984) llegaron a la pantalla en 3D estaba más que claro que se estaba abusando del recurso. Como toda moda, la gente se cansó, se sacaron los antojitos, los guardaron en un cajón y el sistema tuvo que esperar al nuevo milenio cuando internet y la piratería volvieron a atentar contra Hollywood para que una nueva camada de películas en tercera dimensión llenase las salas de cine.

Volviendo a "Viernes 13, parte 3". Tras el estreno de la segunda parte mucha gente se sintió defraudada. La aparición de Jason no convenció a todo el mundo, sobre todo por el recurso de la bolsa en la cabeza. Es así que para revivir a la franquicia había que tomar una nueva dirección. La primera fue cambiarle la estética al personaje, pero nadie sabía bien cual sería.

Para responder a todas las preguntas los productores tenían que decidir quién iba a dirigir la tercera entrega. Después de debatirlo se decidió darle una nueva oportunidad a Steve Miner "Yo pensé que la tercera iba a ser la última. Estaba ansioso por dirigir otro tipo de películas y me pareció que lograr un éxito me podría ayudar" comenta Miner "Paramount estaba enamorada del 3D. Primero intentaron que la tercera parte de Star Trek fuera en 3D. Cuando eso no funcionó decidieron que nuestra película fuera en 3D". Para esto refaccionaron miles de cines alrededor del país adaptándolos a esta nueva tecnología invirtiendo U$S 15 millones de dólares, lo cual era una fortuna en aquella época "A nosotros no nos podía interesar menos el 3D, sobre todo con los pocos días de rodaje que teníamos pautados. Lo que si teníamos bien en claro es que queríamos que esta entrega fuera más sangrienta, La idea era recuperar las mejores cosas de la primera y la segunda".

Con el rol de director cubierto lo próximo a resolver era quien se encargaría del guion. Se le ofreció a Ron Kurz, guionista de "Viernes 13, parte2", pero rechazó la oferta porque no quería ser encasillado como un guionista de películas de terror. Fue ahí cuando entra en escena la persona menos pensada: Petru Popescu. Ya hemos visto que mucha gente que participó en esta saga, con el tiempo, alcanzarían la fama y recibiendo importantes premios, incluso el Oscar, en este caso la persona que se incorporaba ya era prestigiosa.

Popescu era un guionista que había escapado de Rumania y había logrado el reconocimiento de la crítica por escribir guiones como el de "La última ola" ("The last wave", Peter Weir, 1977) el film que había hecho que el mundo se fijara en Peter Weir, quien años más tarde dirigiría éxitos como "La sociedad de los poetas muertos" ("Dead poets society", Peter Weir, 1989) y "The Truman

Show" (Peter Weir, 1998).

Luego de una estadía en Inglaterra saltó el charco e intentó suerte en Estados Unidos. Fortuitamente se topó con Steve Miner quien había visto "La última ola" y lo invitó a sumarse al proyecto "Estaba recién llegado y necesitaba trabajar. Necesitaban que le agregara un poco de oscuridad y que apuntalara la estructura. Nunca había escuchado sobre las películas de "Viernes 13", por lo tanto no las había visto. Tenía que aprender sobre la marcha, pero soy un escritor, es por eso que lo único que se es escribir historias y la fórmula de la saga de "Viernes 13" es bastante fácil de aprender.

Otro escritor relacionado con "Viernes 13, parte 3" fue Michael Avallone, quien se encargó de la novelización del film. La idea era publicar el libro al mismo tiempo que la película llegaba a los cines para aprovechar la publicidad. La novela tiene varias escenas y un final diferente. Avallone fue un escritor muy prolífico (murió en 1999), a lo largo de su vida escribió más de 200 libros. En aquel momento de su carrera necesitaba trabajar, así que la llegada de este proyecto fue muy bien recibida.

Avallone al igual que Popescu jamás había visto una película de la saga de "Viernes 13", pero tenía mucha experiencia en novelizar éxitos de Hollywood. En su haber están las novelizaciones de films como: "Shock Corridor" (Samuel Fuller, 1963), "El planeta de los simios" ("Planet of the Apes", Franklin Schaffner, 1968), "The Cannonball Run" (Hal Needham, 1981) y hasta de series como "El agente de CIPOL" ("The man from Uncle", 1964 - 1968),

Se encerraba en su oficina y escribía a toda máquina. Cuando tenía gran parte del material le pedía a su hijo que lo leyera "Recuerdo cuando me dio las primeras 30 páginas y me pidió mi opinión" comenta su hijo "La verdad que no me parecía lo mejor que había escrito" esta respuesta hizo que se lo tomara como un desafío "volvió a su oficina y se puso a escribir. Le llevó una semana terminar el libro. Cuando lo terminó me lo pasó y la verdad es que le había encontrado la vuelta a Jason. Lástima que no fue eso lo que terminó en la pantalla".

El cambio estético de Jason no se reducía a un cambio de

máscara, la producción quería que se viera mucho más amenazante. Fue ahí donde entra en escena Richard Brooker, un ex trapecista mucho más corpulento que los anteriores actores que habían encarnado al personaje. Su experiencia circense lo convertía en el candidato ideal para realizar las escenas de riesgo.

Con respecto a los efectos especiales, Carl Fullerton no pudo sumarse al proyecto por estar trabajando en otro film, así que Miner volvió a contactar a Stan Winston quien le recomendó a Douglas J White, un socio suyo que, a pesar de tener poca experiencia, se convertiría en alguien reconocido en el habiente. Años más tarde ocuparía ese rol en films como: "El regreso de los muertos vivos" ("The return of the living deads", Dan O´Bannon, 1985), su secuela y films más grandes como "La balada del pistolero" ("Desperado", Robert Rodríguez, 1995) y series de culto como "Twin Peaks" (David Lynch, 1990). "Viernes 13, parte 3" contó un presupuesto de 4 millones de dólares solo para efectos especiales, el doble de lo que se había gastado en la anterior.

Quien pudo regresar, pero de manera casi simbólica, fue Harry Manfredini: "Fue muy poco lo que pude hacer en la tercera parte. Básicamente se usó material de la primera y la segunda entrega, pude aportar algo al comienzo y al final del film" cuenta el músico que admite que jamás vio la película.

Manfredini no fue el único músico en "Viernes 13, parte 3", Michael Zager fue convocado para modernizar la franquicia renovando su banda sonora.

En 1981 aparece la cadena MTV revolucionando el negocio de la música. Durante los 80s la industria del entretenimiento entendió que las bandas sonoras podían lograr que la gente acudiera a las salas, además de generar algunos ingresos extras. Films como "Flashdance" (Adian Lyne, 1983), "Footloose" (Herbert Ross, 1984) y "Dirty Dancing" (Emile Ardolio, 1987) recaudaron millones gracias a la alta rotación de sus videos en esta cadena, e incluso films que no eran musicales como: "Ghostbsuters" (Ivan Reitman, 1984), "Un detective suelto en Hollywood" ("Beverly Hill cop", Martin Brest, 1984), "Volver al futuro" ("Back to the future", Robert Zemeckis, 1985), "Top Gun" (Tony Scott, 1986), "Cocktail" (Roger Donaldson, 1988) se vieron beneficiados gracias a sus bandas sonoras. Entendiendo el cambio que estaba sufriendo la industria Paramount entendió que, al "Viernes 13" ser una saga que apuntaba al público adolescente, debería tener una banda sonora que tratara de captarlos.

Zager venía del mundo de la música Disco. Recordemos que estamos en 1982 años de los últimos coletazos de este ritmo que estaba perdiendo espacio ante la llegada del pop de los 80s. "Era amigo de Harry y fue él el que propuso mi nombre para que hiciera una versión bailable de su tema" cuenta Zager "mi versión fue un hit y sonó bastante en las discotecas durante aquella temporada". La idea era poder editar la banda sonora y genera una ganancia extra, de hecho, la banda sonora de esta entrega fue la más vendida de la franquicia y los pocos ejemplares que circulan se venden a precios astronómicos en plataformas como *e-bay*, "La música Disco nunca murió, ahora la llaman música Dance" reflexionaba acertadamente Zager.

Al ver esta entrega en la actualidad sin el 3D quizás algunas escenas puedan causar gracia ya que muchas de ellas estaban pensadas para explotar al máximo el uso de la tercera dimensión "Usamos el mismo sistema que usaron para "Amityville 3" y "Tiburón 3", en su momento fue revolucionario. En los 50 se usaban dos lentes, este sistema requería uno solo" comenta Miner "Al principio sentí que iba a ser una pesadilla, pero lo disfruté bastante., De hecho, me quedé con ganas de filmar más películas en 3D, pero lamentablemente la moda duró muy poco".

El rodaje duró diez semanas, esto es mucho para este tipo de películas y fue debido a la dificultad de filmar en 3D. Se tuvieron que repetir muchas veces las tomas hasta que quedaran bien. Generalmente si la producción está apurada suelen dejar pasar una mala actuación, pero no se podía pasar a la próxima toma si lo que había quedado mal era el efecto por el cual estaban invirtiendo tanto dinero.

Miner le pidió a Petru Popescu que escribiera escenas donde se pudiera aprovechar todo lo posible el recurso de la tercera dimensión, pero el guionista jamás había visto una. Así que lo llevaron a una sala especial en Paramount para que viera "La llamada fatal" ("Dial M, for murder", Alfred Hitchock, 1954), la cual había sido filmada en 3D. "Me resultó bastante tonto querer adaptar un guion para ponerlo al servicio de esa técnica, pero para mí era un trabajo y lo hice" admite el guionista.

Miner quería que la película comenzara donde había terminado la anterior y que la acción se trasladara al hospital donde Jason podría terminar lo que había comenzado. Esto mismo lo había propuesto para la segunda parte, pero los productores se volvieron a negar porque esa idea había sido utilizada en la saga de su competidor Michael Myers en "Halloween 2" (Rick Rosenthal, 1981) y optaron por no salirse de la fórmula que estaba dando resultado y que todo sucediera en un ambiente agreste. Como se suele decir en Hollywood: "Si no está roto no hace falta arreglarlo".

Una de las cosas que resultaron controversiales sobre esta entrega fue el hecho de que una de las personas que era asesinada por Jason estuviera embarazada. "La verdad nadie pensó en eso en aquel momento. La idea era demostrar que ella y su novio estaban muy enamorados, pero nadie se detuvo a pensar en ese detalle" comenta Tracie Savage quien interpreta a Debbie en el film "Fue algo que se le pasó a todo el mundo, tan solo se tiró y quedó. El problema fue después del estreno".

En esta ocasión el bromista del grupo sería Shelly interpretado por Larry Zelner "La verdad es que por aquel entonces en mi vida real me parecía mucho a mi personaje. Intenté darle toda la dignidad que pude, pero como tenía el pelo en aquella época no ayudaba demasiado" cuenta el actor mientras se ríe "Steve es un gran director. Recuerdo que en la producción nos decían que no lo llenáramos de preguntas sobre la trama o los personajes. En definitiva, sabíamos que todos íbamos a morir". Lo que el actor no sabía era que participaría en uno de los momentos más icónicos de la cultura popular de los 80s: el nacimiento del Jason que todos conocemos.

El guion decía que Jason usaba una máscara, pero no

aclaraba nada más al respecto. Hasta el último momento no se había tomado la decisión final al respecto. Se pensó en una calabaza de Halloween o una máscara de los "Tres chiflados", pero nada satisfacía al director. El día en que se iba a filmar la famosa escena en la cual Shelly le hace la broma pesada a Vera, la cual terminaba con Jason apropiándose de la máscara, Tony Ballard, el consultor estético del film, apareció en el rodaje usando una máscara de Hockey para asustar al elenco. Cuando Miner lo vio abrió los ojos de par en par y dijo: "es esa". De casualidad habían encontrado el santo grial. El problema era que la máscara era demasiado grande para la cara del actor, así que lo que se hizo fue sacarle un molde y diseñar una máscara de goma que se ajustara a la cara de Brooker. "De haberlo sabido la hubiera patentado" bromea Ballard aunque todos sabemos que se debe despertar todas las mañanas arrepintiéndose de no haberlo hecho.

Una vez encontrada la máscara con la cual identificaríamos al personaje de allí en más el próximo desafío sería crear la cara que veríamos cuando Jason se la saca. Como el diseño que Fullerton había creado para el film anterior había sido muy criticado se decidió volver al concepto original creado por Tom Savini. En aquella versión Jason es calvo, tenía rasgos cercanos a un Sindrome de Down y un ojo notoriamente por debajo del otro. Para esto se creó una prótesis que consistía de nueve partes que intentaba imaginarse como sería ese niño al llegar a la adultez. Esa prótesis tenía un ojo de vidrio que hacía que, sumado a la máscara fuera muy difícil manejarse para el actor.

Otra de las escenas que la gente más recuerda de esta película es la muerte que termina con un ojo saliendo en dirección a la cámara. "En el papel sonaba bien" revela Miner "pero fue un problema en la filmación". El efecto se lograba poniéndole un ojo de vidrio a un cráneo de goma y cuando Jason lo apretaba por los costados el ojo salía de manera recta empujado por un alambre. En teoría nada podía salir mal, el tema era que al usar cámaras 3D había que ser muy preciso con respecto a la dirección hacía donde se dirigía el ojo. Brooker no solo tenía que apretar la cabeza, sino que, además, tenía que apuntar bien hacia la cámara para que no registrara al cable que empujaba al ojo "Admito que viendo el resultado pudo haber quedado gracioso, pero en su momento fue un gran uso del 3D" finaliza el director.

Uno de los problemas técnicos más grande que tuvieron que afrontar es el de la luz. El sistema 3D que se usaba en los 80s requería mucha luz, este no sería un problema si estuviéramos hablando de una comedia, pero para un film de terror era algo bastante problemático. Es por esto que, si vuelven a ver "Viernes 13, parte 3", verán que es la más luminosa de toda la saga. La cara de los actores es mucho más pálida y las escenas de terror, a pesar de transcurrir de noche, no suelen ocurrir en la oscuridad. "Para lograr que quedara bien necesité dos o tres veces más de luz de lo que se suele necesitar para una toma" cuenta Gerald Feil, su director de fotografía "pero creo que a pesar de eso hicimos un gran trabajo".

Muchos fans reniegan del final de esta película en el cual vemos a la madre de Jason saliendo del agua repitiendo el final de la primera parte. Los productores pensaron que esto sería una trilogía y que era una buena manera de terminarla, repitiendo aquel final como cerrando un ciclo. Lo que jamás pensaron fue que el film sería el más exitoso hasta ese momento y que la trilogía se convertiría en franquicia.

De todos modos, este no fue el único final que se filmó. En la primera versión la heroína vuelve a la cabaña y es decapitada sorpresivamente por Jason. En el segundo final alternativo ella mata a Jason clavándole una lanza y vemos las tripas del villano saltando hacia la cámara "Todos estos finales fueron geniales. La gente de efectos especiales hizo un gran trabajo, pero a nivel comercial decidimos ir con el que terminó viéndose en pantalla donde la heroína sobrevive a la masacre" confiesa Miner.

A pesar de lo que dice el director la verdadera razón por la cual no se usaron esas escenas fue por la cantidad de sangre. Los productores estaban temerosos de la censura y pensaron que un final menos sangriento haría que fueran más benévolos con ellos. Así que se optó por copiar el final de la primera parte. El maquillaje que vemos de la madre de Jason difiere del que aparece en la primera entrega porque los diseñadores sostenían que si la madre pasó mucho tiempo debajo del agua su fisonomía tendría que cambiar. Se buscó a la persona más flaca que se encontraba en el equipo técnico y se la sometió al maquillaje "Fue bastante tortuoso hacer esa toma" recuerda la actriz "sobre todo después de la sexta retoma. El agua, no solo estaba fría, sino que estaba sucia, llena de ranas, larvas y mosquitos". De esta manera Pamela Voorhees, con diferentes reencarnaciones, aparece por tercera vez consecutiva en esta saga.

El rodaje termino a comienzos de julio y al poco tiempo hubo una primera versión para que pudiera ver todo el equipo. A nadie le gustó demasiado lo que vio, a pesar del efecto 3D. "Esa fue la razón por la que pedí que me sacaran de los créditos" confiesa su guionista "las actuaciones eran de lo peor que había visto en mi vida, casi tan malas como la fotografía. De hecho, tuvieron que volver a filmar gran parte de la película. Cuando la volví a ver me pareció entretenida pero no quería tener en mi curriculum una entrada en esa saga. No quería que se me encasillara con el género".

Por el contrario, su director si estaba satisfecho con su trabajo, aunque pensaba que esta sería la última entrega. A lo que temía era a que se lo encasillara con el género, es por esto, que en apenas pudo dirigió una comedia: "Soul Man" (Steve Miner, 1986) y a partir de ese memento pasó del terror a la comedia todo lo que pudo dirigiendo tanto series como "Los años dorados" ("The wonder years" 1988 – 1993) o "Dawson´s Creek" (1998 – 2003) hasta films de terror como: "Warlock, el brujo" (Steve Miner, 1989) o "Halloween H20" (Steve Miner, 1998).

"Viernes 13, parte 3" se estrenó el 13 de agosto de 1982 recibiendo un gran apoyo de la Paramount. La productora invirtió 3 millones de dólares en publicidad, convencida que la novedad del 3D atraería a cientos de jóvenes a las salas. La apuesta fue acertada. En su primer fin de semana la película recaudó 9 millones de dólares, convirtiéndose en el film más visto en la semana de su estreno y alcanzando un total de 34 al terminar su ciclo en los cines. Como si esto fuera poco se le sumaron 36 millones más gracias a la estrategia que tuvo la productora de re estrenarla a fin de año. Esta estrategia había sido utilizada por Fox con "Porky´s" (Bob Clark, 1981) logrando una recaudación total de más de 100 millones de dólares.

Otra de las razones que tiene para vanagloriarse esta entrega es que fue el film que desbancó a "E.T." (Steven Spielberg, 1982) de la cartelera. La película del extraterrestre que se hacía amigo de un niño se había instalado en el puesto número uno y parecía que nunca iría a descender. Luego de 6 semanas consecutivas de éxito fue Jason quien la destronó.

Fue con este film donde comienza la *Jasonmanía*. Quizás por el nuevo look, quizás por el uso del 3D, quizás por la modernización de su banda sonora o quizás por todo eso junto. Nunca lo sabremos, pero lo que sí sabemos es que los cines de todo el mundo se llenaron de jóvenes deseosos de ver a Jason asesinar a sus pares. Se comenzaron a vender remeras, sus libros e incluso su tema principal fue furor en las discotecas.

Claramente el film más taquillero del año fue "E.T", pero "Viernes 13, parte 3" se colocó en un digo puesto 21 superando a cásicos como: "Tron" (Steven Lisberger, 1982), "Blade Runner" (Ridley Scott, 1982), "Mad Max 2" (George Miller, 1982), "The Wall" (Alan Parker, 1982), "Creepshow" (George Romero, 1982), "La cosa" ("The Thing", John Carpenter, 1982), "El vengador anonimo 2" ("Death Wish 2" Michael Winner, 1982) y "Halloween 3" (Tommy Lee Wallace, 1982) por nombrar solo algunas.

Con tanto dinero entrando en las arcas de la Paramount estaba más que claro que ese no había sido en final de Jason. Nuestro personaje favorito tenía más jugo para exprimir. Es por eso que se comenzó a pensar la manera de hacerlo regresar para que se despidiera a lo grande.

# OTROS SLASHERS DE 1982

"Mil gritos tiene la noche" (Juan Piquer Simón, 1982)

"Slumber Party Massacre" (Amy Holden Jones, 1982)

"The House on Sorority Road" (Mark Rosman, 1982)

"Alone in the dark" (Jack Sholder, 1982)

"The dorm that dripped blood" (Stephen Carpenter, Jeffrey Obrow, 1982)

"Visiting Hours" (Jean Claude Lord, 1982)

"The Slayer" (J.S. Cardone, 1982)

"Girls nite out" (Robert Deubel, 1982)

"Death Valley" (Dick Richards, 1982)

"Trick or treat" (Gary Graver, 1982)

# CAPITULO VI

## VIERNES 13, CAPITULO FINAL (1984)

*Cuando los ejecutivos de la Paramount vieron los números que estaba haciendo la tercera parte en su primer fin de semana, a regañadientes, pusieron en marcha la maquinaria para comenzar la producción de la cuarta entrega.*

Tenían sentimientos encontrados con respecto a esta franquicia. Por un lado, era una mina de oro: eran baratas de hacer y recaudaban más que films mucho más costosos. El problema era que, por aquellos años, este tipo de films no eran prestigiosos. Los cargos gerenciales estaban cansados de recibir cartas quejándose por la cantidad de sangre, desnudos y violencia que emanaba esta saga. Ligas de padres, agrupaciones feministas e incluso la iglesia protestaban en la puerta de los cines, aparecían en programas de televisión, mandaban solicitadas a los diarios y revistas y llenaban el correo de la Paramount indignados por las fechorías de Jason Voorhees. Pero por otro lado el dinero manda y, mientras el sureño enmascarado siguiera llenando las arcas de la productora, seguirían estrenando películas de "Viernes 13".

Pensaban que el público pronto se cansaría de ver siempre lo mismo, incluso pensaron que la tercera sería la vencida. Esta vez tenía que ser la última, Jason tenía que morir y acabar con el descredito que esa pequeña película independiente hecha con dos pesos los venía sometiendo desde hacía cuatro años.

Stephen Minasian, uno de los dueños de los derechos, había conocido a Joseph Zito en 1981 cuando este estrenó "The Prowler" (Jozeph Zito, 1981). Un film muy parecido a "Viernes 13" que incluso había contado con Tom Savini para sus efectos especiales. Desde ese momento Minasian había agendado su nombre como posible director en alguna secuela. Con la ida de Miner,

Zito se convertía en la persona indicada para encargarse de acabar de una vez por todas con Jason.

"Con Tom nos llevamos bien desde el principio" recuerda Zito "lo que me gusta de él es que entiende el manejo de las cámaras. Arma todo su dispositivo visual teniendo en cuenta la puesta de cámara. Sabíamos que íbamos a trabajar nuevamente juntos, pero no sabíamos cuándo".

La oportunidad llegaría dos años más tarde "Minasian me llamó por teléfono y me dijo que estaban haciendo la cuarta parte y necesitaban un director" cuenta Zito "y comenzamos a hablar sobre la posible historia, porque en ese momento no había ni siquiera un guion".

El proceso de creación de ese guion fue bastante atípico. Todas las noches a las ocho sonaba el teléfono en la casa de Zito y charlaban durante una hora tirando ideas. Ese proceso duró meses hasta que el guion estuvo terminado y todos sus integrantes satisfechos.

Cuando el primer tratamiento de la historia estuvo listo Zito, convocó a Barney Cohen, un periodista que había escrito algunos guiones de films de bajo presupuesto como: "Stunts (Mark L. Lester, 1977), "The happy hooker goes to Washington" (William A. Lavey, 1977) y "French Quarter" (Dennis Kane, 1978). El último trabajo de Cohen había sido trasladar al muñeco más vendido de la década a una serie animada en: "He-Man, Masters of the Universe" (1983 - 1985). Estaba claro que Cohen no tenía experiencia escribiendo terror, pero si sabía manejar el tono ligero cercano a la comedia. Esta fue la razón por la cual Zito lo convocó. La fórmula "Viernes 13" era sencilla, ponías a un grupo de adolescentes en un campamento y los ibas matando, lo difícil era generar empatía por esos jóvenes para que el suspenso funcionara y pensó que lo ideal sería convocar a un guionista de comedias para lograr ese resultado. "Zito me dijo: no crees jóvenes graciosos, quiero jóvenes creíbles" recuerda Cohen. Durante un par de meses Zito le pasaba las notas que recibía de los productores y Cohen juntó todo y en poco tiempo tuvo terminado el guion. El director y el guionista disfrutaron trabajando juntos, tanto, que en 1988 lo invitó a participar de "Red Scorpion" (Joseph Zito, 1988), el film de acción con

Dolph Lundgren, en calidad de productor asociado.

El otro guionista involucrado en el proyecto fue Bruce Hidemi Sakow con quien había escrito un guion años atrás que jamás llegó a las pantallas, pero que generó una amistad entre los dos "Apenas Joseph firmó el contrato para dirigir el capítulo final me llamó" cuenta el guionista "sabía que era un film de formula y mucho no se podía hacer, pero me encantó haber participado del proyecto". En una entrevista Zito aclara que Sakow estuvo involucrado en las primeras instancias de la escritura pero que el crédito como guionista era de Barney quien había hecho la mayor parte del trabajo.

"Uno de los aportes que hice fue crear al personaje de Tommy Jarvis. En las películas anteriores Jason había sido asesinado por adolescentes. A mí se me ocurrió que fuera un niño. Y a raíz de eso apareció la relación de ese chico con su madre y su hermana" comenta Sakow "también fui el que aporto el título *capítulo final*, en vez del número 4". A los productores les gustó el concepto traído por Sakow y sugirieron que esa familia viviera en una casa vecina a la de un grupo de jóvenes veraneantes. "Otro pedido que me hizo Joseph fue que quería que la historia fuera más interesante que las anteriores y mucho más sangrienta. Recuerdo que me dijo: quiero una muerte violenta cada siete minutos".

Cohen habla muy bien del trabajo de Sakow "él trabajó mucho ese guion antes de mi aparición. Yo me encargue básicamente de crear a los personajes, dialogarlos y hacer que interactúen entre ellos. Sakow aportó gran parte de la trama, aunque se me acredite a mí la escritura del guion". Barney Cohen, como la mayoría de los guionistas que escribieron guiones para esta saga, nunca había visto ninguna "afortunadamente en un cine cerca de mi casa hicieron una maratón de las películas de "Viernes 13" y me las vi todas de un tirón. Mi preferida es la 2. La primera me pareció muy barata y la tercera muy tonta, pero la segunda me resultó bastante interesante".


"Viernes 13, capítulo final" es un film que se ideó en un momento muy particular de la historia del cine. Por un lado, se considera que con este film se termina *la era de oro del cine Slasher*, la cual había comenzado en 1978 con el estreno de "Halloween" (John Carpenter, 1978), debido al hartazgo que habían generado la gran cantidad de películas que, imitando esa fórmula, intentaron aprovecharse comercialmente de ese fenómeno. A la vez se estrenó en el momento en el cual nacía una nueva moda en Hollywood: la del *cine adolescente de los 80s*.

No hay una fecha precisa, pero muchos consideran a "The Outsiders" (Francis Ford Coppolla, 1983) como el film que dio el primer puntapié dentro de este fenómeno.

1982 fue uno de los peores años en la carrera del director italoamericano. El tremendo fracaso comercial de "One from the heart" (Francis Ford Coppolla, 1982) lo había llevado a la bancarrota. El film había costado 25 millones de dólares y la recaudación había sido de U$S 625.796. De ser una de las figuras máximas del Hollywood de los 70s con éxitos como "El padrino" ("The Godfather", Francis Ford Coppola, 1972), "El padrino 2" ("The Godfather , part 2", Francis Ford Coppola, 1974), "La conversación" ("The Conversation", Francis Ford Coppola, 1974) y "Apocalipsis Now" (Francis

Ford Coppola, 1979) de un día para el otro se había convertido en un paria perdiendo no solo sus ahorros sino el corte de director. Su carrera dependía de su próximo proyecto. Un día le llegó una carta de una maestra firmada por todos sus alumnos pidiéndole que adaptara una novela que los chicos solían leer en clase de manera obligatoria: "The outsiders" escrita por Susan E. Hinton. Cuando la leyó no dudó en que ese sería su próximo proyecto.

Coppolla, quizás sin darse cuenta, armó un elenco de figuras adolescentes que en el futuro se convertirían en estrellas: Matt Dillon, Tom Cruise, Rob Lowe, Emilio Estévez, Ralph Macchio, Patrick Swayze, Thomas C. Howell, entre otros. No solo eso, sino que el eje temático de ese film se circunscribía a ese mundo y la mirada adulta estaba totalmente ajena. Algo que se tomaría como molde en gran parte del cine de esa década y venía, en cierto punto, del cine Slasher.

Antes de saber si el film sería un éxito apostó a filmar otra novela de Hinton: "La ley de la calle" ("Rumble Fish", Francis Ford Coppola, 1983) con Matt Dillon y Mickey

Rourke como protagonistas. Los films fueron un éxito, algo había nacido. El que tomó la posta y cambiaría todo para siempre sería John Hughes. Hughes era un guionista que entendía muy bien el mundo teenager y en 1984 estrenó "Se busca novio" ("Sixteen candles", John Hughes, 1984), el film que convirtió en estrella y musa inspiradora a Molly Ringwald.

1985 fue el año en que nace lo que se denomina el "Brat Pack" (en referencia al "Rat Pack" integrado por Frank Sinatra, Dean Martin, Sammy Davis Jr., Peter Lawford y Joe Bishop en la década del 50). El término nació en la revista New York ese año y se refería a la suma de los elencos de dos grandes éxitos de taquilla de 1985: "El club de los cinco" ("The breakfast club", John Hughes, 1985) y "El primer año del resto de nuestras vidas" ("St. Elmo´s Fire", Joel Schumacher, 1985). El Brat Pack original estaba conformado por: Emilio Estévez, Rob Lowe, Andrew McCartthy, Molly Ringwald, Demi Moore, Anthony Michael Hall, Judd Nelson, Ally Sheedy y Mare Winningham. Luego esta denominación se fue extendiendo a todos los actores adolescentes taquilleros de la época. Los 80s se convirtieron en una década en la cual el cine apuntó a este rango etario y todos los géneros viraron temática y estilísticamente a complacer a este público que consumía, no solo películas, sino que también ropa, música y cualquier cosa que los hiciera sentir a la moda.

"Viernes 13, capítulo final" no pudo escapar a este fenómeno. Es por eso que su elenco es el que más se sincronizó con esta tendencia. Dentro de los jóvenes que se enfrentarían a Jason tenemos a: Crispin Glover, quien un año más tarde saltaría a la fama por interpretar a George McFly en "Volver al futuro" ("Back to the future", Rober Zemeckis, 1985), Lawrence Monoson, quien venía de protagonizar una de las comedias adolescentes más emblemáticas de la década: "El último americano virgen" (The last american virgin", Boaz Davidson, 1982) y a Corey Felman, en uno de sus primeros roles protagónicos. Feldman acababa de hacer una aparición importante en "Gremlins" (Joe Dante, 1984) y no imaginaba que un año más tarde saltaría a la fama coma con: "The Goonies" (Richard Donner, 1985) y "Cuenta conmigo" ("Stand by me", Rob Reiner, 1985).

Luego de estos dos éxitos conformaría una dupla con Corey Haim y se pasarían el resto de la década estrenando comedias adolescentes como: "Que no se entere mamá" ("The lost boys", Joel Schumacher, 1987), "Sin permiso para manejar" ("License to drive", Greg Beeman, 1988) y "Un rebelde seductor" ("Dream a little dream", Marc Rocco, 1989). Esto sumado al humor y clima adolescente que su guionista desparramó en la película hacen que, *Capitulo final,* sea la que más se emparenta con esta tendencia en toda la saga de "Viernes 13" y una de las razones por la cual suele ser la preferida de todos los fans de la franquicia.

"Cuando se estrenó fui corriendo a comprar los diarios para leer las críticas" recuerda su guionista "a diferencia de las otras entregas los críticos alabaron la labor de los actores. Decían que eran tan lindos y frescos que daba lástima que tuvieran que ser masacrados. Sentí que mi trabajo había dado buenos resultados. Personalmente creo que el que mejor lo había hecho fue Crispin Glover. Tenía algo tan particular que lo convertía en un imán para los ojos". El futuro padre de Marty McFly impregnó a su personaje con esa ingenua chispa que explotaría un año más tarde en la saga de "Volver al futuro". Algo que no estaba en el guion y mejoró una de las escenas es su forma de bailar. En un momento los jóvenes armaban una fiesta en la casa y Glover comienza a bailar, de una manera bastante extraña, con una de las gemelas. En el momento el director les dijo que improvisara un baile y la forma que tenía de bailar el actor era tan llamativa que decidieron dejarla en el film. El dato curioso es que lo que realmente está bailando Glover en ese momento es un tema de AC. DC, que luego fue reemplazado por otro durante la post producción. "Para mí era un referente" recuerda Feldman "lo miraba y ya en ese momento, antes de ser famoso, era alguien diferente a los demás. Mientras otros se juntaban a tomar cerveza o hacer bromas él se iba al costado del lago y se quedaba quieto mirando la nada. Recuerdo una vez que nos llevaron al pequeño centro del lugar para que nos distendiéramos un poco, la mayoría se fue a un bar mientras que Crispin se fue a una casa de antigüedades a gastar un montón de plata en juguetes. Cuando regresamos a la camioneta tuvimos que viajar todos apretados por la cantidad de cosas que se había comprado" concluye Corey Felmdan.

El encargado de reclutar a los actores fue el propio Zito. Su idea era encontrar gente fresca que no hubiera trabajado nunca en una película de terror.

El protagónico recayó en el, por aquel entonces, niño prodigio Corey Felman, quien no tenía mucha experiencia cinematográfica "Había visto la anterior y me había gustado muchísimo" recuerda Feldman "me tuve que poner al día y vi las otras dos. Para mí era una gran oportunidad. Mi carrera recién comenzaba y me pareció que aceptar ese trabajo haría que me vieran un montón de personas. Me divertí mucho durante el rodaje, lo único malo es que me agarré una fiebre terrible durante la filmación, pero en general todo el mundo me trató increíblemente bien".

Los personajes de las gemelas no estaban en el guion original. Una de ellas fue al casting y no quedó, cuando el director vio que había ido acompañada por su hermana las llamó y les ofreció aparecer en el film. Esos personajes fueron creados especialmente para aprovechar esa característica. Algo que terminó siendo positivo para el film, generando momentos cómicos.

Sin dudas uno de los roles más importantes para cubrir era el de Jason. Zito convocó a Ted White, un experimentado doble de riesgo que venía trabajando en la industria desde la década del 60. "Voy a ser honesto, agarré el trabajo solo por el dinero, pero una vez en el set me metí en el personaje. No hablaba con nadie del elenco para lograr que me tuvieran más miedo, estuvo muy bien".

"Viernes 13, capítulo final" significó el regreso de un miembro emblemático de la familia: Tom Savini. El padre de Jason regresó por una única razón, para matar a su hijo "Cuando recibí el llamado acepté inmediatamente" comenta Savini "estaba entusiasmado en crear un Jason que se relacionara al diseño original que había creado para la primera parte. Sentía que Jason era mío. No pude decir que no". También se encargó de crear todas las máscaras que vemos en el cuarto de Tommy "Esas máscaras eran increíbles" recuerda Feldman "Imagínense, aunque parecía menos, durante ese rodaje tenía 12 años. A esa edad estar rodeado de esas máscaras y poder jugar con ellas era un sueño hecho realidad".

Pero antes de matarlo había que revivirlo. Joseph Zito, a diferencia de otros directores de la saga, tuvo un concepto muy interesante al respecto. A pesar de que los productores no querían mostrar a Jason desde el comienzo prefiriendo continuar con la fórmula de *jóvenes llegando al lugar para ser asesinados uno a uno,* Zito quiso comenzar con el final de la película anterior. No solo eso, sino que quería que lo viéramos muerto. Durante varios minutos Jason no reacciona con la intención de generar suspenso haciendo que el espectador crea que en cualquier momento se iría a levantar. Al ver que pasaban los minutos y esto no ocurría, su idea era que el espectador comenzara a desear que eso pasase, tanto, que fuera esa ansiedad del público la que lo resucitara. Si uno vuelve a ver el film nota como se va construyendo este efecto y, para cuando eso pasa, uno como espectador se alegría a la vez de que siente un poco de culpa. Esto sucede en la escena de la morgue, en la cual se convocó al actor de comedia Bruce Mahler para interpretar al camillero. Mahler se haría famoso ese mismo año por interpretar al cadete Doug Fackler en la exitosa "Locademia de policía" ("Police Academy", Hugh Wilson, 1984) papel que volvería a interpretar en cuatro de las siete películas de esa saga.

Durante el rodaje de "Viernes 13, capítulo final" una de sus actrices volvió a sufrir el mismo hecho desagradable que había tenido que vivir la primera protagonista: un acosador comenzó a perseguirla.

Como durante el día tenían mucho tiempo libre, ya que la mayoría del rodaje ocurría de noche, los actores aprovechaban el día para relajarse. Mientras algunos dormían, otros jugaban a las cartas o trataban de socializar. Por su parte Kimberly Beck solía salir a correr por el bosque para mantenerse en forma: "Noté que alguien me miraba" recuerda la actriz "al comienzo fue solo una sensación y hasta llegué a pensar que estaba sugestionada por el tipo de película que estábamos filmando, pero un día ese miedo se volvió realidad cuando un tipo me interceptó en el bosque e intentó atacarme". La actriz comenzó a gritar y pudo escapar de su agresor, pero a partir de ese momento comenzó a recibir llamadas obscenas en el rodaje: "Lo primero que me vino a la mente fue lo que le había pasado a la chica que había actuado en la primera parte, porque fue un caso muy resonante en su momento. Bromeaba con que había una maldición que perseguía a las heroínas de la saga, pero durante varios días la pasé bastante mal".

Uno de los grandes misterios que rodean al "Capitulo final" es: ¿Qué pasó con la señora Jarvis? En realidad, a la madre de los chicos le pasaron un montón de cosas, pero ninguna quedó en el corte final. En una escena la hija la encuentra y todavía estaba viva. En otra estaba ahogada en la bañera y revive. Esta última fue una idea de la productora tratando de emular a las primeras, pero el director no le gustó ninguna. Zito confirma que todas esas escenas estaban muy bien filmadas y sus efectos funcionaban, pero no tenían nada que ver con el tono que estaba tratando de lograr y que las descartó por el bien del film.

Algo parecido ocurrió con otra de las muertes que generó mucho debate a lo largo de los años: la muerte de Rob. En un principio se creó este personaje con la intención de que llegara hasta el final de la película. Rob Dier era el hermano de una de las chicas asesinadas en la segunda parte que regresaba al campamento en busca de venganza. Dentro de esa primera lógica tenía coherencia que al final de la película interviniera en la muerte de Jason. Lo que pasó es que el personaje de

Jarvis, el hijo menor de la familia, comenzó a ocupar ese rol cuando la idea de que un niño matara a Jason fue tomando cada vez más consenso dejando la puerta abierta para que Tommy fuera el relevo en el caso de que hubiera una secuela. Cuando todos estuvieron de acuerdo el rodaje ya había comenzado. Entonces apareció otro problema: ¿Qué hacemos con Rob? Esto se solucionó de la manera más sencilla: *lo matamos*. Eso fue lo que sucedió dejando una sensación rara en los espectadores y haciendo que su personaje no tuviera mucho sentido en la trama.

La película terminaba, ahora, con Tommy encargándose de matar a Jason de una vez y para siempre. Tengamos en cuenta que, para ese momento, el tema de su inmortalidad no estaba del todo clara. La lógica hasta esta entrega era que había sido lastimado seriamente y por esa razón seguía con vida, pero nadie le había hecho nada tan drástico como para que estuviéramos totalmente seguros de que estaba realmente muerto. En esta ocasión Tommy se encargaría de incrustarle un machete hasta la mitad del cráneo haciendo muy difícil su pronta recuperación en el caso de no ser inmortal. Todos en la Paramount estaban muy contentos, finalmente se habían librado de Jason. Sacarían la última gota en forma de dólar a la franquicia y pasarían a otros proyectos, pero pasó algo impensado.

Se hizo una proyección privada para los ejecutivos de la empresa y se dieron cuenta de que esta entrega era mucho mejor que las anteriores. Quizás por su director, quizás por el elenco con futuras estrellas, quizás por la vuelta de Savini o quizás por todo eso junto, pero "capítulo final" estaba un escalón por encima de todas las demás. Fue en ese momento en que los ejecutivos comenzaron a dudar y sugirieron dejar la puerta abierta por las dudas que, en caso de ser un éxito, tuvieran que agachar la cabeza y hacer una nueva entrega. "Para mi este era el fin de Jason" cuenta Savini "después de todo lo que le hice era imposible que siguiera vivo". Ahora sabemos que no podía estar más equivocado.

El último problema a resolver fue llegar a tiempo para el estreno. El film se debía estrenar el 13 de abril y quedaban tan solo dos semanas. La Paramount alquiló una casa en Malibu para que el equipo se instalara y terminara en tiempo récord de editarla. Para esto se contrató a más editores, los cuales trabajaron en turnos de 8 horas durante las 24 horas del día. Para poner un poco más de presión la MPAA quiso sacar la muerte de Jason porque era muy gráfica, algo imposible ya que justamente de eso se trataba el film. Se sacó todo lo que se pudo, se tenía que entender que Jason estaba muerto.

Luego de tanto trabajo finalmente llegó el día del estreno y los ejecutivos vieron como su peor pesadilla se convertía en realidad, la película fue un éxito descomunal convirtiéndose en el film que más había recaudado en su primer fin de semana en toda la historia de la Paramount. Finalmente, cuando terminó su recorrido en cines, cosechó 32 millones de dólares, un poco menos que la entrega anterior.

1984 fue un año con grandes Bloockbusters: "Un detective suelto en Hollywood" ("Beverly Cop", Martin Brest, 1984),

"Ghostbusters" (Ivan Reitman, 1984), "Indiana Jones y el templo de la perdición" ("Indiana Jones and the temple of doom", Steven Spielberg, 1984), "Gremlins" (Joe Dante, 1984) y "Karate Kid" (John G Avildsen, 1984) fueron los fims más taquilleros del año. "Viernes 13, capítulo final" se ubicó en el puesto 26 superando a películas como: "Conan, el destructor" ("Conan, the destroyer", Richard Fleischer, 1984), "Duna" ("Dune", David Lynch, 1984), "Starman" (John Carpenter, 1984), "Pesadilla en la calle Elm" ("A Nightmare on Elm Street", Wes Craven, 1984), "Una chica al rojo vivo" ("The woman in red", Gene Wilder, 1984), "Se busca novio" ("Sixteen Candles", John Hughes, 1984), "Desaparecido en acción" ("Missing in action", Joseph Zito, 1984), "Top Secret" (Jim Abrahams, David Zucker, Jerry Zucker), "La historia sin fin" ("The neverending story" (Wolfgang Petersen, 1984) y "Supergirl" (Jeannot Szwarc, 1984), entre otras.

Era obvio que tendrían que revivir a Jason, pero: ¿Cómo hacerlo después de haber titulado a la cuarta entrega:

"Capítulo final"?

Los productores tenían que encontrar rápidamente una respuesta para que Jason pudiera volver al año siguiente a inundar de sangre las pantallas de todo el mundo.

## OTROS SLASHERS DE 1984

"A Nightmare on Elm Street" (Wes Craven, 1984)

"Don´t open till Christmas" (Edmund Purdom, 1984)

"Silent Night Deadly Night" (Charles E. Sellier Jr, 1984)

"The Mutilator" (Buddy Cooper, 1984)

"Deadline" (Mario Azzopardi, 1984)

"The initiation" (Larry Stewart, 1984)

"Silent Madness" (Simon Nutchern, 1984)

"Splatter University" (Richard W. Haines, 1984)

"Fatal Games" (Michael Elliot, 1984)

"The Prey" (Edwin Brown, 1984)

# CAPÍTULO VII

## VIERNES 13, PARTE V (1985)

*Se considera que con "Viernes 13: Capítulo final" (Joseph Zito, 1984) se cierra lo que se conoce como la era de oro del cine Slasher (1978 – 1984), la cual tuvo una larga agonía que duró hasta finales de los 80s y termina, justamente, con otro film de esta saga: "Viernes 13, parte 8: Jason toma Manhattan" (Rob Hedden, 1989).*

Con "edad de oro" nos referimos a la etapa clásica, donde el formato iniciado por "Halloween" (John Carpenter, 1978) en el cual un asesino enmascarado mata con un arma blanca a un montón de adolescentes se terminó agotando por culpa de tanta repetición. A partir de ese momento comienza otro periodo donde este subgéne-

129

ro se renueva. La llegada inesperada de "Pesadilla, en la calle Elm" ("Nightmare on Elm Street", Wes Craven, 1984) hace que personajes como Jason Vooorhees y Michael Myers comenzaran a verse un tanto anticuados.

Wes Craven, amigo de Sean S. Cunningham (padre de Jason), inventó un prototipo de asesino serial más acorde a la generación MTV, haciendo que los jóvenes volvieran a las salas en busca de más sangres y tripas.

Mientras "Viernes 13" repetía una formula sacada del Giallo italiano de los 70s (un psicópata asesina, de manera muy cruel, a jóvenes con un arma blanca), "Pesadilla" copiaba los códigos estéticos del video clip, el cual estaba en su máximo esplendor. Esta nueva forma de terror, al igual que los video clips, era visualmente más estridente y su ritmo más frenético, pero Jason no supo verlo y siguió repitiendo, con algunas variaciones, su fórmula hasta 1989. Como comentamos con "Viernes 13, parte 8: Jason toma Manhattan" (Rob Heden, 1989) la serie tocaría fondo y "Jason goes to hell" (Adam Marcus, 1993) se convertiría en un manotazo de ahogado intentando sumarse a una nueva moda que para 1993 también se había agotado. No es casualidad que en ese film aparecieran las garras de Freddy en la escena final, pero ya hablaremos de eso más adelante.

Volviendo a 1984; "Viernes 13, capítulo final" (Joseph Zito, 1984) había sido un éxito indeseado, el cual obligaba a la Paramount a continuar con la franquicia. El problema ahora era ¿Cómo revivir a Jason? Muchas ideas se tiraron sobre la mesa y se eligió, para muchos fans, la peor. En esta entrega el que asesinará a los jóvenes con su machete será un psicópata disfrazado de Jason, haciendo que "Viernes 13, parte 5, un nuevo comienzo", sea la segunda oportunidad (después de la primera entrega) en la que Jason no es el asesino. La idea era utilizar la puerta que Joseph Zito había dejado abierta para convertir a "un nuevo comienzo" en un whodunit (film en el que tenemos que averiguar ¿Quién es el asesino?).

Como ya era costumbre la producción de la nueva entrega comenzó mientras la anterior todavía estaba proyectándose en los cines para poder llegar a estrenarla al año siguiente. Lo primero que se necesitaba era conseguir un director que le diera aires nuevos al cansado Jason. Los productores habían conocido a una nueva promesa en el festival de Cannes de 1984: Danny Steinmann.

Steinmann los había deslumbrado con "Calles Salvajes" (Savage Street", Danny Steinmann, 1984) el film de acción protagonizado por Linda Blair, en su etapa post Exorcista, en la cual trataba de reinventarse, sin mucho éxito, como bomba sexy de los 80s. En entrevistas el director habla de "Calles Salvajes" como si fuera su segunda cinta, pero en realidad es la tercera. Como muchos directores del cine de terror de aquella época había comenzado su carrera en la década del 70 dirigiendo cine condicionado. En 1973 debutó detrás de las cámaras con "High Rise" (Danny Steinmann, 1973) film en el cual contó con Harry Reems ("Deep Throat") y Jamie Gillis ("The story of Johanna"), dos leyendas del cine porno, como protagonistas.

El cine de terror y el porno siempre estuvieron

conectados. En el caso del recién nombrado Jamie Gillis, había trabajado con Wes Craven en uno de los films porno que el director de "Scream" había realizado en los 70s: "The firework woman" (Wes Craven, 1975) y en el mismo año en que Steinmann estrenaba "un nuevo comienzo" apareció en un film porno llamado: "The erotic world of Crystal Lake" (William Reynolds, 1985), el cual trataba de aprovechar un poco el éxito que Jason estaba teniendo en taquilla.

En realidad, la que estaba tratando de captar un poco de popularidad era su protagonista, la actriz condicionada que en 1983 había adoptado el nombre artístico Crystal Lake cuando la franquicia había logrado su punto más alto de masividad gracias a "Viernes 13, parte 3" (Steve Miner, 1982).

Volviendo a Danny Steinmann, el director no era nuevo en el terror. En 1980 había pasado del gueto del porno al cine convencional con el, ahora film de culto, "The Unseen" (Danny Steinmann, 1980) protagonizada por Barbara Bach, la actriz y modelo que, por aquel entonces, era la pareja del ex Beatle: Ringo Starr.

La elección de Steinmann parecía adecuada. "Savage Street", con su estética cercana al modelo MTV, había funcionado decentemente en taquilla y había logrado reimpulsar la carrera de su protagonista, la cual necesitaba urgentemente un éxito para salir del submundo de los films de bajo presupuesto. Los productores firmaron un contrato por dos films. El segundo sería la continuación de "La última casa a la izquierda" ("The last house on the left", Wes Craven, 1972), la cual se iba a llamar "Beyond the last house on the left": no hace falta decir que este film jamás se concretó.

En un principio "Viernes 13, parte 5: un nuevo comienzo" iba a contar con Corey Felman como protagonista. El contrato que había firmado Feldman para "capítulo final" tenía una cláusula que lo ataba para una posible continuación, pero debido a que el actor estaba rodando "The Goonies" (Richard Donner, 1985) pidió que se lo eximiera de ese compromiso. Abogados mediante se llegó a un acuerdo, pero tuvo que aceptar filmar la escena pre créditos para poder ligar una historia con la otra. Esta escena se rodó un domingo (único día libre de Feldman ya que de lunes a sábados estaba en el set de "Los Goonies") en el jardín de un vecino de Feldman.

Acá la línea temporal de la saga pega un gran salto. Hasta ese momento los films de "Viernes 13", salvo "Viernes 13, parte 2" la cual transcurre cinco años después de la primera, solían comenzar apenas terminaba el anterior. En este caso la acción salta ocho años en el futuro, por lo tanto, nos encontramos en 1993, a pesar de que la estética sea la de 1985. Esta brecha se incrementaría película a película haciendo que para "Jason X" (James Isaac, 2001) se tuviera que trasladar la acción a un lejano y futurista 2010.

Acto seguido vemos a un Tommy ya crecido internado en una institución para jóvenes con problemas mentales. John Shepherd fue el encargado de encarnar a Tommy Jarvis en esta entrega: "Fue una gran oportunidad. Este fue mi primer rol importante, hasta ese momento venía haciendo pequeños papeles en la televisión" comenta el actor que además ayudó a escribir alguna de sus escenas "el personaje de Tommy es muy interesante, sobre todo el tema de no saber si es o no el asesino".

Shepherd se tomó tan en serio el papel que un mes antes de la filmación se internó en un neuropsiquiátrico para estudiar el comportamiento de los enfermos mentales. Más allá de que era muy difícil remplazar a un actor con el carisma de Corey Feldman el resultado fue bastante aceptable teniendo en cuenta que su personaje era prácticamente mudo.

"Viernes 13, capítulo final" había demostrado que incluir a un niño podía dar buenos resultados, así que los productores decidieron repetir la fórmula. En este caso el chico sería Reggie: un chico afroamericano interpretado por Shavar Ross.

Ross era el actor más famoso de este elenco por haber participado durante muchos años en la serie "Blanco y negro" (Diff´rent strokes, 1978 - 1986) como Dudley, el mejor amigo de Arnold Jackson "por aquel entonces estaba intentando saltar de la televisión al cine y me pareció que protagonizar una entrega de la saga de "Viernes 13" podía ser una gran idea. Eran muy populares y taquilleras, estaba seguro que me verían muchos productores".

Martin Kitrosser (supervisor del guion de "Viernes 13, parte 2") comparte créditos como guionista con Danny Steinmann y David Cohen porque se usaron escenas que escribió para la segunda entrega y no fueron usadas en aquella oportunidad. Kitrosser había propuesto que "Viernes 13, parte 2" comenzara en un neuropsiquiátrico en donde veríamos a Alice, sobreviviente de la uno, tratando de superar los trastornos que le había dejado su experiencia en el "Campamento Cristal". En aquel momento los productores habían desechado la idea porque "Halloween 2" (Rick Rosenthal, 1981), estrenada el mismo año, usaba una idea bastante similar. Al parecer los hospitales suelen ser un ambiente recurrente a la hora de pensar ideas para secuelas de películas de terror ya que dos años más tarde se volvería a usar en la tercera parte de la saga "Pesadilla": "Pesadilla 3, los guerreros del sueño" ("A Nightmare on Elm Stee: Dream warriors", Chuck Russell, 1987") la cual transcurre casi por completo en una institución de este tipo.

El primer problema a resolver era ¿Qué hacer con la saga? Jason había muerto en el capítulo anterior. La duda entonces era ¿Lo revivimos o no?

En un principio lo que se intento fue volver a algo parecido a la idea original de Sean S Cunningham, quien propuso para la segunda parte transformar la franquicia en diferentes historias que transcurrieran durante un Viernes 13.

El plan era comenzar desde cero con una nueva trilogía donde "Un nuevo comienzo" sería la primera parte, es por eso que en esta oportunidad Jason no es el asesino.

Estaba todo pensado. Es por eso que la máscara de este Jason no tiene los triángulos rojos sino azules en un intento de dejar pistas de que esta, aunque parezca, no era una película sobre Jason. El problema fue que la recaudación de la quinta entrega no fue tan abultada como la de las anteriores, fue por eso que el personaje del asesino enmascarado hace su esperado regreso en la sexta parte: "Viernes 13, parte 6: Jason vive" (Tom McLoughlin, 1986).

Como era ya costumbre en esta saga el nombre provisorio durante el rodaje de "Viernes 13, parte 6:

un nuevo comienzo" fue una canción de David Bowie: "Repetition", la cual aparece en el disco "Lodger" de 1979 con el cual culmina su trilogía de Berlín a pesar de haber sido grabado en Suiza y Nueva York.

De hecho, el elenco comenzó a filmar sin saber que se trataba de una película de "Viernes 13" y se enteraron de esto bien entrado el rodaje y no todos estaban conformes. Aunque hoy sean películas de culto y muchos de sus participantes sigan sacándole redito a sus participaciones, por más chicas que estas hayan sido, asistiendo a convenciones y reuniones de elencos, por aquel entonces no estaban bien vistas y que tu nombre apareciera en una de ellas te ponía en un lugar medio extraño dentro de la industria.

Era casi tan estigmatizante como haber participado de un film pornográfico. Su director tampoco quedó muy satisfecho con el resultado: "Esta entrega tenía mucho más sexo y drogas que las anteriores, fue casi como filmar una película porno en el bosque. Gracias a dios la MPAA hizo cortar muchas de esas escenas, casi que les debo mi carrera"

En esta oportunidad, y por primera vez, tenemos dos Jasons: el padre que busca venganza y el de las alucinaciones de Tommy. El actor encargado de interpretarlo fue Tom Morga, el cual tiene un mérito que ningún otro Jason consiguió hasta la fecha: interpretó a Jason y a Michael Myers (en "Halloween 4, el regreso de Michael Myers).

Otra curiosidad que tiene esta entrega es que una de las actrices, coincidentemente, comparte apellido con el antagonista: Debi Sue Voorhees.

Debi Sue comenzó su carrera a comienzos de los 80s posando para la revista Playboy y rápidamente hizo el salto a la televisión. Durante tres años interpretó a Caroline en la famosa serie "Dallas" (1978 – 2014), luego apareció en pequeños papeles en películas menores hasta que finalmente decidió utilizar su apellido para aparecer en un proyecto que le podría dar más exposición.

Audicionó para el rol de Tina, pero el director del casting eligió a otra actriz. Cuando Steinmann se enteró que una Voorhees había asistido a la convocatoria hizo que la llamaran para el papel.

Debi Sue, a lo largo de los años, siguió ligada a la familia "Viernes 13" asistiendo a convenciones y participando en documentales, pero en 2021 hizo lo que ninguna otra persona ligada a la franquicia hizo: dirigió, de manera independiente, una película que reunía a varios actores que habían pasado por la saga. El proyecto se llamó "13 fanboys" (Debi Sue Voorhees, 2021) en el cual personalidades emblemáticas, dentro del mundo "Viernes 13", como: Corey Feldman (Tommy Jarvis en "Capitulo final" y "Un nuevo comienzo"), Kane Hodder (quien interpretó a Jason en tres oportunidades), Adrienne King (Alice en la primera y la segunda entrega y responsable de matar a la madre de Jason), C.J. Graham (quien encarnó al asesino en "Viernes 13, parte 6: Jason Vive") y Judie Aronson (Samantha en "Capitulo final"), eran acosadas por un psicópata obsesionado por las películas de "Viernes 13".

A lo largo de los años se filmaron una gran cantidad de fan films (películas hechas, sin fines de lucro, por los fans). "13 fanboys" comparte con estos proyectos su fuente de financiación. La directora creó una campaña en las redes en la cual los fanáticos de la serie podían depositar un aporte económico para que el proyecto se pudiera concretar. A cambio de esto, y según el monto depositado, tendrían: su nombre en los créditos, su nombre dentro del film (ya sea en una calle o algún objeto en alguna escena), podría vérselo en alguna foto y hasta tenían la oportunidad de ser asesinados en alguna secuencia. A diferencia de los fan films, al no utilizar la máscara ni el nombre "Viernes 13", se pudo estrenar en cines y tuvo su edición en DVD.

Debido a su paso por Playboy y el pasado dentro del cine condicionado del director, los productores decidieron que el personaje de Tina tuviera una escena de sexo bastante fuerte con Eddie, interpretado John Robert Dixon. "Tardamos 15 horas en filmar esa escena. Eso quiere decir que estuve 15 horas desnuda en un bosque en pleno invierno" cuenta la actriz "fue realmente incomodo, no solo por el frio, sino que la novia del actor que estaba conmigo en escena estuvo todo el tiempo clavándome la mirada mientras yo trataba de actuar y no morir de frio al mismo tiempo".

El problema llegó cuando la MPAA se enteró del pasado porno del director. En el momento en que tuvo que aprobarla se ensañaron aún más que las veces anteriores haciendo que sacaran esa escena e hicieron amputar muchos de los momentos más violentos del film perjudicando gravemente a la cinta: "Fue una pena, porque los productores me dieron el control creativo. Pude hacer todo lo que quise, pero la censura hizo que poco de todo eso llegara a las pantallas" se lamenta el director que, luego de este film, no volvió a dirigir nunca más una película hasta su muerte en 2012.

Quien la pasó muy bien fue Harry Manfredini, el legendario compositor de la banda sonora original, que hasta la entrega anterior se había limitado a cortar y pegar fragmentos de su primer score. En esta oportunidad el cambio de rumbo que había tenido la franquicia hizo que se inspirara. "Toda esta nueva visión del whodunit hizo que pudiera explorar nuevos territorios" comenta el músico "no solo hice un tema para Tommy, sino que compuse uno para cada uno de los personajes, porque cualquiera podía ser el asesino".

Como ya se había vuelto una costumbre, en el momento de filmar la resolución de la trama, los productores comenzaron a plantearse la posibilidad de dejar la puerta abierta para una nueva entrega y el clímax que se había planteado en el guion no fue el que terminó viéndose en el corte final. La diferencia con las veces anteriores era que en esta oportunidad el Jason que muere al final de la película no es el verdadero, entonces no tenía sentido abrir la posibilidad de que estuviera vivo. Una de las ideas que se abarajó fue instalar la duda sobre si el personaje de Reggie podría convertirse en el nuevo asesino en una posible continuación. Esto se descartó rápidamente porque era una copia muy burda al final de la entrega anterior. También se propuso filmar una escena en la cual veíamos al verdadero Jason saliendo de su tumba la cual tampoco se concretó porque los productores todavía apostaban a la idea de una nueva trilogía sin el viejo Jason. El que terminó aportando el final fue el propio protagonista. Se le consultó a Sheperd, quien ya había demostrado talento a la hora de escribir varias de sus escenas, y propuso la idea de que finalmente Tommy terminara la transformación que se había insinuado al final del film anterior. "Cuando se acercaron a preguntarme qué opinaba les propuse la idea de que Tommy rompiera el vidrio de su habitación haciendo creer que se había escapado para finalmente verlo convertido en el nuevo Jason" comenta Sheperd "de hecho hasta escribí algunas líneas de dialogo para mi personaje, pero a pesar de aceptar mi idea terminaron quitando el dialogo ya que mi personaje era prácticamente mudo".

"Viernes 13, parte 5: un nuevo comienzo" se estrenó el 22 de marzo de 1985. Aunque en su primer fin de semana rompió la taquilla recaudando 8 millones de dólares, al finalizar su ciclo en los cines terminó recaudando 21,9 millones convirtiéndose en la secuela menos taquillera desde "Viernes 13, parte 2". A su favor podemos decir que fue el último film de la saga en superar los 20 millones, pero a pesar de esto superó en taquilla a films como: la apuesta de Disney para 1985 "El caldero mágico"

("The black cauldron", Richard Rich, Ted Berman, 1985), la secuela de su mayor competidor: "Pesadilla 2: la venganza de Freddy" ("A nightmare on Elm Street, part 2: Freddy´s revenge", Jack Sholder, 1985), la fantasía épica de Richard Donner "Ladyhawke" (Richard Donner, 1985), el cásico de Chuck Norris "Invasión U.S.A." (Joseph Zito, 1985), la renovación del género zombi "El regreso de los muertos vivos" ("The return of the living dead", Dan O´Bannon, 1985), la, hoy comedia de culto, producida por John Landis "Clue, los siete sospechosos" ("Clue", Johnathan Lynn, 1985), el clásico maldito de Tobe Hooper producida por la Cannon: "Lifeforce" (Tobe Hooper, 1985), la exitosa comedia de John Hughes "Ciencia loca" ("Weird Science", John Hughes, 1985), la adaptación de la novela de Stephen King "Los chacales de la luna" ("Silver Bullet, Don Attias, 1985), y una de las obras maestras de Martin Scorsese "Después de hora" ("After Hours", Martin Scorsese, 1985), por nombrar solo algunas.

Esta entrega fue la prueba de que la saga había tocado su techo y que las próximas difícilmente volverían a conseguir los números de las primeras cuatro. "Con la quinta parte nos dimos cuenta que contábamos con un núcleo duro que seguiría viendo estas películas sin importar que pasara" confiesa Mancuso Jr "no creo que sea justo comparar a las que siguieron con las primeras".

En este punto los productores debían tomar una decisión: o terminaban con la saga o hacían que Jason volviera de verdad...

## OTROS SLASHERS DE 1985

"The hills have eyes 2" (Wes Craven, 1985)

"The Ripper" (Christopher Lewis, 1985)

"Nail Gun Massacre" (Terry Lofton, Bill Leslie, 1985)

"Night Train to Terror" (John Carr, Phillip Marshak, Tom McGowan, 1985)

"A nightmare on Elm Street" (Jack Sholder, 1985)

"Victims!" (Jeff Hathcock, 1985)

"Too scared to scream" (Tony Lo Bianco, 1985)

"Blood Cult" (Christopher Lewis, 1985)

"The deadly intruder" (John McCauley, 1985)

"Appoiment with fear" (Ramsey Thomas, 1985)

# CAPÍTULO VIII

## VIERNES 13, PARTE VI JASON VIVE (1986)

*Una de las ideas que Hegel aporta a la historia de la filosofía es que "la historia se repite". Años más tarde Marx retomaría este concepto y le daría una vuelta de tuerca diciendo que "la historia primero ocurre como tragedia y luego se repite como comedia".*

Esto suele pasar mucho en el género fantástico y en el terror. Durante los años 30 la Universal marcó a fuego la historia del terror con lo que hoy llamamos: "Los monstruos de la Universal". Estos eran: Drácula, Frankenstein, El hombre lobo, La momia, El hombre invisible, entre otros. No solo eso, sino que generó un star system alrededor de ellos. Figuras como Béla Lugosi,

Boris Karloff y Lon Caney Jr. quedaron para siempre identificados con sus personajes y al género que los hizo famosos. Durante esa década se hicieron centenares de películas con estos villanos hasta que poco a poco fueron abandonando la pantalla por agotamiento.

Una década más tarde eso que en un comienzo fue novedoso se había convertido en un cliché y en vez de miedo comenzó a dar gracia, fue cuando Hollywood los recicló y aparecieron: las comedias de terror.

Grupos cómicos de la época como: Los tres chiflados (The three stooges), Jerry Lewis y Dean Martin, Abbott y Costello, El gordo y el flaco (Laurel y Hardy) le sacaron provecho a esta moda en películas como: "Abbott y Costello contra los fantasmas" ("Abbott and Costello meet Frankenstein", Charles Barton, 1948) en la cual se enfrentaban a Drácula, El hombre invisible, Frankenstein y El hombre lobo, producida por la Universal y con Béla Lugosi y Lon Chaney Jr. repitiendo sus papeles, pero ahora para hacer reír. En "Idle Roomers" (Del Lord, 1944) Los tres chiflados se enfrentaban al hombre lobo y en "El castillo maldito" ("Scared Stiff", George

Marshall, 1953) a Jerry Lewis y a Dean Martin les tocaba tratar de sobrevivir una noche en un castillo lleno de muertos vivientes, solo por nombrar algunas de las más conocidas.

Cuando a mediados de los 80s el fenómeno Slasher comenzó a agotarse debido a la falta de imaginación de la mayoría de las películas que trataban de copiar el molde que "Halloween" y "Viernes 13" habían creado, Hollywood volvió a demostrar que lo que habían teorizado Hegel y Marx casi 100 años atrás seguía vigente.

La segunda mitad de la década del 80 el terror viró hacia el humor con films como: "Re-Animator" (Stuart Gordon, 1985), "El regreso de los muertos vivos" ("The return of the living dead", Dan O´Bannon, 1985), "La hora del espanto" ("Fright Night", Tom Holland, 1985), "The Stuff" (Larry Cohen, 1985), "El club del terror" ("Vamp", Richard Wenk, 1986), "Que no se entere mamá" ("The lost boys", Joel Schumacher, 1987) y "Noche alucinante" ("Evil Dead 2, Sam Raimi, 1987"), por nombrar solo algunas siendo el emblema de esta moda el archienemigo de Jason: Freddy Krueger quien, en la saga "Pesadilla", había llevado este recurso al paroxismo.

Hay que entender este contexto para comprender la decisión que los productores de la Paramount tomaron con respecto a "Viernes 13, parte 6: Jason vive" ("Friday the 13th, part 6: Jason Lives", Tom McLoughin, 1986).

El bajo desempeño que la quinta entrega había tenido en la taquilla fue un llamado de atención para los ejecutivos de la productora que, para este entonces, se habían resignado a tener al asesino de la máscara de Hockey como parte fundamental dentro de las ganancias anuales de la empresa.

Por otro lado, sabían que esta franquicia era una apuesta segura, cada película costaban aproximadamente tres millones y se recuperaba la inversión en un fin de semana dejándole grandes ganancias a la empresa cualquiera fuera el resultado final.

El único problema eras que tenían una mina de oro que comenzaba a verse vieja en relación a sus competidores. Había que subirse a la moda y la moda era cruzar humor con terror. Es por esto que esta secuela tiene un tono tan diferente a todas las otras entregas de esta saga, pero para lograrlo había que encontrar al director indicado.

Tom McLoughlin reunía todos los requisitos. Al terminar la secundaria se había mudado a París para estudiar acrobacia, danza y esgrima. Por aquellos años se enamoró del cine europeo y, al descubrir el mimo, regreso a Estados Unidos con la intención de ser el nuevo Marcel Marceau. Intentó hacer películas mudas como las que hacía Jacques Tati, pero no tuvo mucho éxito. Sin embargo, no se frustró y con un amigo armaron una compañía con la cual hacían mimo, pero en el teatro en vez de en la calle como hacia a mayoría.

Hasta que un día la suerte golpeó a su puerta. El legendario cómico Dick Van Dyke fue a ver su espectáculo y quedó fascinado. A los pocos días fue convocado para que haga breves apariciones en su show televisivo. Un poco más tarde le pidió que escribiera números cómicos para los invitados al programa y después lo dejó dirigir esos segmentos por lo cual fue nominado al Emmy.

Así pasó la mayor parte de la década del 70. A principios de los 80s decidió hacer, finalmente, el paso al cine.

Escribió unos guiones cómicos, pero nadie quiso producirlos: la moda era el terror. Tanto quería filmar una película que escribió un guion tratando de sumarse a lo que pedía el mercado. El resultado fue: "One dark night" (Tom McLoughlin, 1983), una película de terror que contaba como protagonistas a Meg Tilly (más conocida por los fans del terror como "La novia de Chucky") y a Adam West (el famoso Batman televisivo de los 60s). La historia seguía a una adolescente que debe pasar una noche en un mausoleo para poder ingresar a una fraternidad, sin saber que ese mismo día fue enterrado un señor con poderes psíquicos. "Esa idea se me ocurrió a los 19 años cuando vivía en Francia" comenta el director "durante una visita a un cementerio. No pasó nada extraño, no me persiguió nadie, pero nunca sentí más miedo en mi vida". El film estaba más relacionado con el imaginario de Edgar Alan Poe que en los Slashers de la época y había sido producido por una agrupación mormona que le había dado un millón de dólares con la condición de que se filmara en tres semanas. Se rodó en 1981 con el título "Rest in peace", pero por problemas de post producción su estreno se demoró hasta 1983. No fue un éxito de taquilla, (apenas se recuperó lo invertido), pero fue su carta de presentación y razón por la cual los productores de "Viernes 13" terminaron convocándolo.

Como comentamos anteriormente, era el director indicado porque se manejaba cómodamente tanto en el terror como en la comedia y era eso precisamente lo que Jason tenía que tener para seducir a un público que estaba cambiando sus gustos con respecto al género.

A diferencia de todas las demás entregas esta es la primera dirigida por un fan del cine de terror. Desde Sean S. Cunniningham hasta Danny Steinmann todos los que habían ocupado ese rol se lo habían tomado como un trabajo más. En el caso de McLoughlin, no solo era un conocedor del género, sino que era el primero que había visto todos los capítulos anteriores y no tuvo que pedir que le hicieran una proyección especial para enterarse en que se estaba metiendo.

Esta era la primera vez que el director se había encargado de escribir enteramente el guion dándole un carácter de autor que las demás entregas no habían tenido.

El toque de McLoughlin se puede ver en todo el film. Aportó su experiencia en la comedia aligerando el tono y repartiendo momentos cómicos a lo largo de la cinta, desparramó homenajes cinéfilos bautizando lugares y personas con apellidos de directores y actores famosos dentro del género. Por ejemplo, el pueblo vecino se llama Carpenter, Karloff es el drugstore al que van en una breve escena, en otro momento hablan de una calle que tiene el apellido del creador de la franquicia: Cunningham También dejó en claro su fanatismo por el terror gótico en la escena en la que reviven a Jason. Al comienzo del film Tommy le devuelve, accidentalmente la vida, por medio de un rayo en un claro homenaje a "Frankenstein" (James Whale, 1931). Una vez contratado al director había que encontrar al actor que encarnaría a Jason en esta oportunidad. Se contrató a Dan Bradley, un coordinador de dobles que venía de trabajar en éxitos como: "House" (Steve Miner, 1985), "Re-Animator" (Stuart Gordon, 1985) y "Pesadilla 2" (Jack Sholder, 1985).

Lo primero que se filmó fue la escena en la que Jason

mata a un grupo de personas que juegan al paintball en el bosque. Cuando los ejecutivos de la Paramount vieron lo filmado le pidieron que cambiara al actor que interpretaba a Jason porque su tipo físico no era lo suficientemente intimidante. Ese es el momento en el que entra en escena C. J. Graham quien no tenía ninguna experiencia como actor. Graham era dueño de un club nocturno y fue descubierto de casualidad. Su experiencia era militar. Entre 1974 y 1978 había pertenecido al ejército norteamericano. Esto y su falta de experiencia en el cine, aunque parezca ridículo, lo ayudaron mucho a la hora de interpretar al famoso asesino. A lo largo de la filmación fue sometido a bajas temperaturas (dentro y fuera del agua), largas horas sin dormir y hasta se encargó de hacer sus propias escenas de riesgo y en ningún momento se quejó ni puso reparos. "Trabajar con Graham fue un placer" comenta el director "durante el rodaje fue golpeado y expuesto a situaciones extremas y siempre estaba dispuesto a hacer otra toma y al finalizarlas daba las gracias". No solo eso, sino que había ido con su propia casa rodante y como no la usaba porque estaba muchas horas rodando sus escenas se la daba al resto del elenco para que pudieran dormir mientras no estaban filmando.

"La escena más complicada para filmar fue en la que Jason está encadenado en el fondo del lago" recuerda el actor "no había truco. Fui encadenado a una piedra y deposité toda mi confianza en los buzos que tenían que darme aire cada vez que le hacía una señal. Creo que fue la secuencia más peligrosa que tuve que filmar, porque al tener que llevar puesta la prótesis sobre mi cara no podía ver ni siquiera la máscara de oxígeno para llevármela a la boca."

Esa escena se filmó en tres locaciones diferentes. El exterior del lago se filmó en Georgia, la pelea y los primeros planos se filmaron en una pileta y la secuencia en la que lastiman a Jason con el motor del bote se rodó en la pileta de los padres del director porque la noche en que se filmó el resto de la escena se habían quedado sin tiempo para terminarla.

Como ya se había convertido en cábala esta entrega se filmó bajo un nombre falso sacado de un disco de David Bowie. En el caso de "Jason Vive" fue "Aladdin Sane", uno de los mejores discos del Duque Blanco que incluía temas como: "Drive in saturday", "The piettiest star" y "The Jean Genie". Nunca se explicó cual era la razón a la hora de elegir los discos, quizás sea solo azar, pero en este caso hay una clara conexión entre las dos obras. En la tapa del disco se ve a un Bowie con un rayo atravesándole la cara siendo este un elemento clave en la trama de "Jason Vive" ya que es un rayo el que le devuelve la vida. También puede ser algo mucho menos metafórico y que la razón fuera mucho más simple: que "Aladdin Sane" es el sexto disco de Bowie y "Jason Vive" es la sexta entrega de esta saga.

El protagónico recayó en Thom Matthews. Un cambio abrupto en relación al perfil que había tenido el personaje de Tommy Jarvis en las dos entregas anteriores. Este Tommy es mucho más extrovertido y menos conflictuado. Según el director la elección de Matthews para este papel se debió a que había demostrado que se movía bien tanto en el terror como en la comedia. Venía de protagonizar la exitosa "El regreso de los muertos vivos" ("Return of the Living Dead", Dan O´Bannon, 1985) donde había transitado los dos tonos de manera efectiva y volvería a hacerlo en 1988 al ser convocado para repetir su papel en la secuela por más que su personaje hubiera muerto en la primera parte.

En esta entrega los productores apostaron a MTV incluyendo en la banda sonora un tema pegadizo que atrayera a una generación que, de a poco, se estaba yendo con su competidor de cuchillas en los dedos: "He´s back (The man behind the mask)" de Alice Cooper. La canción incluia el famoso "ki ki ki, ma ma ma" tan asociado con la franquicia. Lamentablemente no fue el éxito que se esperaba llegando al puesto 61 en UK. Años más tarde Copper se pasaría a la otra saga interpretando al padre de Freddy en "Pesadilla, parte 6: la muerte de Freddy" (Rachel Talalay, 1991).

Como sabían que la MPAA se iban a ensañar con ellos

se filmaron tres versiones de cada muerte con distintos niveles de crueldad para estar cubiertos en el caso de ser censurados "Es increíble que jamás se editara una versión completa con las escenas que teníamos pensadas. Hubo mucha sangre que quedó en la sala de edición", comenta el director "hubo otras ideas que quedaron afuera, como el plano de la tumba de la madre de Jason en el cementerio en el cual Jason estaba enterrado al comienzo de la película".

De hecho, la escena del cementerio, quizás la más recordada del film, fue dirigida por Frank Mancuso Jr. debido a un inconveniente que tuvo el director "Fue una gran experiencia poder sentarme detrás de una cámara" recuerda el productor que a esa altura ya era el verdadero padre de la franquicia. Se había encargado de la producción a partir de la segunda parte y siguió ocupando ese rol hasta la séptima entrega.

Estéticamente "Jason Vive" toma un rumbo diferente a las anteriores "Elegimos filmar en Georgia porque es muy diferente a Nueva York y California que era donde se habían filmado las anteriores" revela el director "además esta entrega es mucho más colorida y llenamos el bosque de humo. Queríamos decirles a los fans que esta era una nueva era".

Otro cambio que aportó McLoughlin fue alterar la historia con respecto al origen de Jason. En su versión del guion al día siguiente de su resurrección Elias Voorhees (padre de Jason) visitaba la tumba de su hijo sabiendo que ya no estaba ahí "Era un concepto muy interesante, pero los productores no quisieron alterar tanto la leyenda de Jason". De todos modos, el escritor Simon Hawke, encargado de la novelización, utilizó esta escena y la incluyó en el libro que se editó en simultáneo al estreno de la película.

El cambio fundamental que pudo hacer con respecto al personaje fue convertirlo definitivamente en una máquina de matar. Hasta ese momento Jason, al ser golpeado, sentía el impacto. No quedaba claro si al comienzo de las películas revivía o tan solo no había sido asesinado. En "Jason Vive" queda más que claro que, a partir de ahora, Jason es un Zombie y nada ni nadie lo podía lastimar. Lo cual hacía que fuera mucho más difícil encontrar una manera creíble de matarlo al final de cada film. Este concepto se respetaría en las próximas entregas e iría incrementándose hasta llegar ideas que rozaban lo absurdo como: el monstruo que pasa de boca en boca en "Jason va al infierno" o el Uber Jason de "Jason X". "Me parecía un poco tonto que Jason fuera golpeado un millón de veces por la heroína de turno cuando antes había matado a un montón de personas" confiesa el director "No quería que Jason fuera tan solo un tipo con una máscara. Quería que fuera una fuerza imparable y que Tommy tuviera que ver cómo acabar con él. Claramente que sería enviándolo al lugar de donde salió en la primera película, el fondo del lago".

Para entender la evolución de la franquicia podremos calificar a las primeras cinco entregas como la etapa clásica donde el personaje y el tono general de los films habían sido abordados con parámetros del Slasher clásico y a partir de la sexta entrega Jason se suma a la nueva manera de hacer Slashers, inaugurada Freddy Krugger, donde la conexión con la realidad se rompe y los asesinos pasan a ser una fuerza sobrenatural imparable (Pinhead, Chucky y el Michael Myers de la cuarta entrega en adelante).

"Viernes 13, parte 6: Jason Vive" se estrenó el primero de agosto de 1986 y por primera vez el publicó no la acompaño. A pesar de haber recaudado un poco más de seis millones de dólares en su primer fin de semana esta entrega fue la primera en no poder pasar la barrera de los 20 millones recaudando 19.4 millones. A pesar de esto no impidió que superara en taquilla a films considerados exitosos o de culto como: "Highlander" (Russell Mulcahy, 1986), "Psicosis 3" ("Psycho 3", Anthony Perkins, 1986), "Critters" (Stephen Jerek, 19886), "Laberinto" ("Labyrinth", Jim Henson, 1986) o "Rescate en el barrio chino" ("Big Trouble in Lillte China", John Carpenter, 1986), "House" (Steve Miner, 1986), "Terciopelo azul" ("Blue Velvet", David Lynch, 1986), "La masacre de Texas 2" ("The Texas Chainsaw Massacre 2", Tobe Hooper, 1986), "9 semanas y media" ("9 ½ weeks", Adian Lynne, 1986), "El nombre de la rosa" (The name of the rose", Jean-Jacques Annaud, 1986), "Piratas" ("Pirates", Roman Polanski, 1986), "Encrucijada" ("Crossroad", Walter Hill, 1986), "Hitcher" (Robert Hamon, 1986) y "Leyenda" ("Legend", Ridley Scott, 1986).

El único que había quedado conforme con el resultado fue Harry Manfredini "Creo que Tom hizo un gran trabajo. Le agregó un toque de inteligencia a la franquicia, para mi es una de las más disfrutables".

Algunos le echan la culpa a que luego de los estrenos de prueba, al ver que al público no le convencía los productores le encargaron al director filmar más escenas haciendo que se desvirtuara el concepto original. "Me dijeron: necesitamos más muertes" comenta el director. Fue ahí cuando se acortaron escenas donde se desarrollaban más a los personajes protagónicos añadiendo muertes innecesarias como por ejemplo la muerte del sepulturero al comienzo del film o la pareja que ve a Jason en el cementerio.

Con "Jason Vive" los productores confirmaron que el interés por el personaje había menguado, el nuevo rey del terror era Freddy, pero Jason no iba a morir sin presentar batalla.

## OTROS SLASHERS DE 1986

"April Fools Day" (Fred Walton, 1986)

"Chopping Mall" (Jim Wynorski, 1986)

"Evil Laugh" (Dominick Brascia, 1986)

"Killer Party" (William Fruet, 1986)

"Mountaintop Motel Massacre" (Jim McCullough Sr, 1986)

"Psycho 3" (Anthony Perkins, 1986)

"Slaughter High" (George Dugdale, Peter Litten, Mark Ezra, 1986)

"Sorority House Massacre" (Carol Frank, 1986)

"The Texas Chainsaw Massacre 2" (Tobe Hooper, 1986)

"Terror at Tenkiller" (Ken Meyer, 1986)

# CAPITULO IX

## VIERNES 13, LA SERIE (1987 - 1990)

*La televisión y el cine de terror estuvieron estrechamente ligados desde que este medio se volvió masivo en la década del 50. Por aquellos años los canales volvieron a emitir los clásicos de la Universal de los años 30 dándole una segunda oportunidad a los monstruos clásicos (Drácula, Frankenstein, La momia y el Hombre lobo) para aterrorizar a una nueva generación.*

En los sesenta aparecieron los programas de antología de cine fantástico y de terror, los cuales fueron muy exitosos durante esa década y la siguiente: "Alfred Hitchcock presenta" (1955 – 1965) emblemático programa que fijó las reglas para muchos que le precedieron, "El velo"

(1958) presentado por Boris Karloff, "La dimensión desconocida" (1959 - 1964) presentado por su creador Rod Sterling, "Rumbo a lo desconocido" (1963 – 1965) el cual tomaba el formato creado por "La dimensión desconocida", "Dark Shadows" (1966 – 1971) y "Galería Nocturna" (1969 – 1973) son, quizás, los más conocidos.

En España se replicaría el formato creado por Alfred Hitchcock en la magistral "Historias para no dormir" la cual, con un largo intervalo se trasmitió entre 1966 y 1982. El programa estaba presentado por el maestro del terror español Narciso Ibáñez Serrador (hijo del inconmensurable Narciso Ibáñez Menta) en la cual se alternaban adaptaciones de relatos clásicos con guiones originales de Ibáñez Serrador bajo el seudónimo Luis Peñafiel.

Durante la década del 70 los programas antológicos dedicados al terror no desaparecieron, pero poco a poco fueron perdiendo popularidad siendo reemplazados por el boom de los telefilms.

La mayoría de las cadenas de televisión tenían su propia emisión de telefilms ("ABC Movie of the Week",

"CBS Thursday Night Movies", "The NBC Monday Night Movies", etc) dentro de las cuales la más exitosa siempre fue "ABC Movie of the Week", la cual nos regaló clásicos como: "When Michael calls" (Philip Leacock, 1972), "Home for the Hollydays" (John Llewally Moxey, 1972), "Something Evil" (Steven Spielberg, 1972), "Don`t be afraid of the dark" (John Newland, 1973), "Bad Ronald" (Buzz Kulik, 1974), "Trilogy of Terror" (Dan Curtis, 1975), "Dead of Night" (Dan Curtis, 1977) y el megaclásico "Duel" (Steven Spielberg, 1971).

Fue George Romero el responsable de que el género volviera a la TV gracias al estreno de "Creepshow, el festín del terror" (George Romero, 1982), la cual obtuvo un éxito inesperado poniendo de moda, nuevamente, el terror episódico de la mano del maestro del terror: Stephen King. El suceso hizo que se pensara en llevar a "Creepshow" al terreno catódico, pero por algunos problemas de derechos terminó llegando a las pantallas bajo el nombre de "Tales from de Darkside", la cual tuvo cuatro temporadas emitidas desde el 30 de septiembre de 1984 hasta el 24 de julio de 1988 y tendría un cierre más que digno en la pantalla grande con "Tales from the darkside" (John Harrison, 1990).

"Tales from de Darkside" abrió la puerta a que las emisoras volvieran a apostar por este formato permitiendo la aparición de series como: "The Hitchhiker" (1983 – 1991), "Cuentos asombrosos" (1985 – 1987) y a la nueva versión de "La dimensión desconocida" (1985 – 1989).

En ese marco los dueños de la Paramount quisieron sumarse a esta moda y la única franquicia que tenían para explotar era la agotada "Friday the 13th". Como sabían que ya no producirían nuevas entregas de la saga, transformarla en una serie de televisión, era el único recurso que les quedaba para exprimir el último jugo a pobre de Jason.

La estrategia era transformar dos de sus marcas más famosas, y en desuso, en posibles éxitos catódicos: la primera era la ya nombrada "Friday the 13ths" y la segunda una nueva encarnación de la ya clásica "Star Trek" ahora bautizada con el original nombre de: "Star

Trek: The Next Generation" (1987 – 1994).

Frank Mancuso Jr; padrino cinematográfico de Jason, y encargado de producir todas sus películas a partir de la segunda, no estaba muy convencido en bautizar al desembarco de terror televisivo de la Paramount con un nombre tan relacionado a Jason, teniendo en cuenta que los ejecutivos querían usar el nombre, pero no al personaje. Tanto es así que cuando no pudo conseguir que la serie llevara un nombre más ambiguo como "The 13th Hour" o "Friday Curse" evitó dar entrevistas para no tener que responder la pregunta obvia: ¿Por qué se llama "Friday the 13th" y no está Jason?

Una vez definido el nombre y aclarado que no tendría nada que ver con lo narrado en las películas, retomando la idea original de Sean Cunningham de convertir el nombre en una serie antológica de historias de terror, lo que quedaba por definir era: ¿De qué se va a tratar?

El cómo llegaron al argumento, paradójicamente, nació del mismísimo Jason. Se preguntaron ¿Es posible que la máscara lo hiciera malo? Y si la máscara lo hace malo: ¿De dónde salió esa máscara? ¿Está maldita?

De esa manera se llegó a la idea de la existencia de un lugar donde venden cosas malditas. Idea que retomarían años más tarde los creadores de la saga: "El conjuro". Tanto es así que el primer episodio de "Friday the 13th, The series" trata sobre una muñeca poseída (cualquier similitud con la muñeca "Annabelle" es pura coincidencia").

Para abaratar los costos la producción se mudó a Toronto (Canadá) y buscó talento local. Es por eso que dos de los protagonistas son canadienses, como así también gran parte del equipo técnico. Otra decisión que se tomó fue la de no recurrir a directores veteranos de la televisión sino a nuevos talentos.

La mayoría de los capítulos de "Friday the 13th, the series" fueron dirigidos por William Fruet y Armand Mastroianni, dos directores de varias películas de terror que hoy se consideran de culto. Fruet venía de dirigir clásicos clase b como: "The house by the lake" (1976), "Spasms" (1983) y "Killer party" (1986), mientras que Mastroianni, luego de ganar algo de fama tras: "He knows you`re alone" (1980), película que significó el debut cinematrográfico de Tom Hanks, dirigió "Cameron Closet`s" (1988) y varios episodios de "Tales from the darkside" entre 1984 y 1987.

La dirección del resto de los episodios estuvo a cargo de muchos directores que, a pesar de ser jóvenes, tenían algo de experiencia dentro del cine de terror, como: Bruce Pitman, director de "Hello Mary Lou: Prom Night 2" (1987), Tom McLoughlin, que venía de dirigir "Martes 13, parte 6" (1986) y que luego dirigiría varios episodios de "Las pesadillas de Freddy", Atom Egoyan, quien años después se consagraría con films como: "Exótica" (1994), "El dulce porvenir" (1997) y "Ararat" (2002), Rob Hedden, quien además de dirigir un episodio para la serie, escribió algunos capítulos lo cual hizo que lo tuvieran en cuenta para dirigir la última entrega de Jason para la Paramount en "Viernes 13, parte 8: Jason toma Manhattan" (Rob Hedden , 1988) y el director más importante dentro del panorama del cine de terror canadiense: David Cronenberg.

Cronenberg venía de dirigir "La mosca" (1986) y tomó este trabajo, según él, para mantenerse en forma luego de un año sin trabajar a la espera del comienzo del rodaje de la que se convertiría en una de sus obras maestras: "Dead Ringers" (David Cronenberg, 1988). Tras su paso por la serie el director seguiría ligado a la franquicia apareciendo en "Jason X" (James Isaac, 2001) interpretando al malvado Dr Wimmer.

Durante la primera temporada el equipo de producción canadiense trató de recortar el presupuesto lo máximo posible ante la incógnita que generaba la reacción que tendría el público al darse cuenta de que Jason no aparecería en ningún momento. Es por esto que los efectos especiales de esa temporada son bastante precarios y el nivel de sangre casi nulo.

A pesar de esta previsión la emisora recibió infinidad de cartas pidiendo la cancelación de la serie, tan solo por llevar el nombre "Friday the 13th". Ante el éxito en audiencia las quejas fueron desestimadas y no solo se elevó el presupuesto para la segunda temporada, sino que también se acrecentaron las escenas sangrientas para complacer la demanda del público. "Con el éxito de la primera temporada comencé a dar entrevistas nuevamente, tranquilo al notar que la gente no estaba reclamando a Jason o al menos no se estaba quejando por su ausencia. Uno de los aciertos que tuvimos fue el contratar directores que estuvieran ligados al cine y no a la televisión. Esto le dio una estética que muchas series no tenían" comentó Mancuso Jr. en una entrevista.

La debacle de la serie comenzó a gestarse tras la partida de John D. LeMay en el primer episodio de la tercera temporada. El personaje muere de manera violenta dejando a su prima y a su mentor a cargo de la trama. El actor confiesa que abandonó la serie para dedicarse de manera completa al cine. Volvería a la franquicia unos años más tarde protagonizando la novena entrega: "Jason goes to hell: the final friday" (Adam Marcus, 1993).

Su partida perjudicó a la serie la cual se canceló abruptamente antes de lo previsto. Muchos sugieren que se tenía planeado un final para contentar a los fans. El último artículo rescatado sería la máscara de Jason, pero lamentablemente este capítulo jamás llegó a filmarse.

Otros le atribuyen el ocaso de la serie a que las dos películas de la saga que se estrenaron mientras la emisión estuvo en el aire ("Viernes 13, parte 7" y Viernes 13, parte 8") no fueron un éxito de taquilla. Lo mismo le estaba pasando a su competidor. "Pesadilla 5, el niño de los sueños" (Stephen Hopkins, 1989) también había fracasado en boletería lo que generó que su serie ("Freddy´s Nightmares 1988 – 1990) lanzada tras el suceso de "Friday the 13th, the series", tuviera el mismo destino. Ambas fueron canceladas en 1990.

Según William Fruet, uno de sus directores, la serie se descontinuó por codicia ya que el cambio de horario a uno más competitivo hizo que el público no los acompañara. Su productor principal Frank Mancuso Jr. opina que la razón es mucho más simple: "la serie terminó por un agotamiento natural del producto. Con ocho entregas cinematográficas y tres años en televisión el ciclo se cumplió. Es algo natural que pase, lo mismo pasó con nuestro competidor principal".

Seguramente no fue una sola razón, es más, es posible

que todos tengan razón y el fin de "Friday the 13th, the series" fuera la sumatoria de todos esos factores. Durante mucho tiempo se habló de la posibilidad de llevarla al cine, pero tras la venta de los derechos esa chance quedó trunca.

Lo importante es que, a pesar de lo que muchos pensaban, funcionó muy bien y le abrió la puerta a otras series que hicieron historia durante los 90s, como: "Tales from the crypt" (1989 – 1996) y su versión animada "Tales from the cryptkeeper" (1993 – 1999), "Goosegump" (1995 – 1998) más conocida como "Escalofrios" en latinoamerica y "Pesadillas" en España", "Buffy, la cazavampiros" (1997, 2003), "Nightmare Café" (1992) la serie producida por Wes Craven y protagonizada por Robert Englund, la nueva versión de "Dark Shadows" (1991) y "Código X" la cual comenzó a emitirse en 1993 y con un gran intervalo terminó en 2018.

# CAPÍTULO X

## VIERNES 13, PARTE VII LA NUEVA SANGRE (1988)

*"Jason Vive" había demostrado que era hora de alterar la formula clásica de la franquicia. Esto, en gran parte, gracias a que "Pesadilla en lo profundo de la noche" (Wes Craven, 1984) y sus secuelas se habían encargado de romper el molde del slasher tradicional reconfigurandolo.*

El "Tsunami Krueger" hizo que los éxitos dentro del terror viraran hacia lo fantástico. Los últimos films que habían funcionado habían sido, no solo los de la saga de "Pesadilla", sino otros que se despagaban del modelo más realista que proponía "Viernes 13", como por ejemplo: "La mosca" ("The Fly", David Cronemberg, 1986),

"Re-Sonator" (Stuart Gordon, 1986), "Critters ("Stephen Herek, 1986), "Poltergeist 2", Brian Gibson, 1986), "Hellrasier" (Clive Barker, 1987) y "Noche alucinante" ("Evil Dead 2", Sam Raimi, 1987), por nombrar solo algunas. Un hombre deforme con una máscara matando chicos en un bosque ya no asustaba a nadie así que: "si no puedes vencer a tu enemigo únete a él". Fue en este momento cuando la idea de hacer una película juntando a los dos villanos más taquilleros del cine de terror tomó forma por primera vez.

El crossover dentro del cine de terror no era algo nuevo. En la década del cuarenta se había utilizado hasta el hartazgo una vez que la gente se aburrió de ver a los monstruos clásicos. Fue ahí cuando aparecieron películas como: "Frankenstein y el hombre lobo" ("Frankenstein meet The Wolfman", Roy William Neill, 1943), "House of Frankenstein" (Erle C. Kenton, 1944) en la cual, además de Frankenstein, aparecía Drácula, El hombre lobo y El Jorobado de Notre Damme, "La mansión de Drácula" ("House of Dracula", Erle C. Kenton, 1945) donde Frankenstein y "El Hombre lobo" se enfrentan al famoso vampiro. Esta moda duró toda la década logrando que el público termine cansándose de esa fórmula y, como se repetiría a finales de los 80s, se inclinara hacia la Ciencia Ficción. Es por eso que durante la década del 50 el cine de terror se funde con la Ciencia Ficción generando clásicos como: "El enigma de otro mundo" ("The Thing, Christian Nyby, Howard Hawks, 1951), "El día que paralizaron la tierra" ("The day the earth stood still", Robert Wise, 1952), "La invasión de los usurpadores de cuerpos" ("The Invasion of the Body Snatcher", Don Siegel, 1956) y "La mancha voraz" ("The Blob", Irvin Yeaworth, 1958) entre otras.

La particularidad que tenían los crossovers de los monstruos de la década del cuarenta era que estos enfrentamientos se daban dentro de la galería de villanos de la misma compañía. Recordemos que por aquel entonces cada estudio tenía como característica especializarse en un género. La Warner Brothers era fuerte dentro del cine de gánsteres. La Metro Goldwyn Mayer se especializaba en el género musical y la Universal era famosa por sus films de terror. En los 50s el crossover cruzó el atlántico pasándole la posta a Godzilla quien se pasó más de dos décadas peleando con cientos de monstruos gigantes.

La idea de cruzar personajes de distintas empresas surgió del mundo de los comics cuando DC y Marvel se juntaron para que sus héroes más famosos pelearan entre ellos. El Crossover más emblemático quizás sea el que protagonizaron Superman y Spiderman en 1978 en la mítica "Batalla del siglo".

Diez años más tarde la Paramount estaba dispuesta a superar ese evento haciendo que Jason y Freddy tuvieran su propia batalla a muerte.

Cuando se tuvo el guion listo los productores se lo llevaron a los dueños de la franquicia de "Pesadilla", pero sucedió lo que suele ocurrir en situaciones como estas: el que estaba ganando no quiso enfrentar al que iba perdiendo. Para 1987 Freddy Krueger se había convertido en el amo del terror y no necesitaba arriesgar la corona en manos de un rival que estaba tratando de subirse a la lona. Es por eso que ese proyecto comenzó a ver la luz recién cuando Freddy también cayó en desgracia a mediados de los noventa.

El problema ahora era que ya estaba pactada la fecha de estreno, pero no tenían película para estrenar. Les quedaba tan solo cinco meses para entregar el film y lo único que tenían era un guion imposible de filmar. Lo que se hizo fue adaptar esa historia y cruzar los dedos. En la reescritura Freddy primero se convirtió en Carrie y luego Carrie en Tina. En contra de todos los pronósticos el guion resultante satisfizo a los ejecutivos de la Paramount, quienes lo encontraron novedoso y prometedor. Ahora había que encontrar a la persona indicada para llevar a buen término este proyecto. Este no solo tendría que tener experiencia dentro del terror, sino que además debería saber cómo dirigir rápido un film con muchos efectos especiales.

La labor recayó en John Carl Buechler, quien venía

de sorprender a todos con "Troll" (John Carl Buechler, 1986), una película de bajo presupuesto producida por Albert Band sobre un duende asesino.

Lo que no muchos saben es que antes de este concepto se abarajó la posibilidad de que Jason desfilara en la alfombra roja de la entrega de los Oscars. Hoy parece una locura, pero en esta entrega hace su aparición como una de las productoras Barbara Sachs. Sachs venía del cine de animación habiendo trabajado en series como "Frutillitas" ("Tarta de fresas" en España) y "Los ositos cariñosos" y con "Viernes 13" pasaba de manejar una cámara a ocupar el rol de productora.

Durante un breve período impulsó la idea de que, como Hollywood estaba incorporando elementos del Slasher en films como "Atracción Fatal" (Adrian Lyne, 1987) el cual había recibido 6 nominaciones al Oscar, esta séptima entrega era una buena oportunidad de conseguir el prestigio que las anteriores no había tenido. Esto se lograría contratando a un director prestigioso, el cual legitimaría el proyecto. Se tentaron a muchos autores, incluyendo al mismísimo Federico Fellini. La línea argumental que proponía Sachs era que un grupo inversor compraba los terrenos donde se localizaba el campamento con la idea de construir condominios, lo cual enfurecía a Jason provocando un baño de sangre. Claramente la idea no prosperó, pero Sachs siguió vinculada a la franquicia produciendo la octava entrega y la serie de televisión del mismo nombre. Una vez terminada esta locura se pasó a un enfoque más tradicional y es ahí cuando entra el bueno de John Carl Buechler.

Buechler venía del campo de los efectos especiales. Se había formado de la mano de Roger Corman dentro de la New World Pictures donde se había encargado de los FX en varias películas incluida "Deathstalker" (John Watson, 1983) rodada en Argentina y co producida con Aries Cinematográfica. En 1984 se cambia de bando y comienza a trabajar para los Hermanos Band dentro de la Full Moon haciendose cargo de la misma labor en éxitos como: "Trancers" (Charles Band, 1984), "Re-Animator" (Stuar Gordon, 1985), "Ghoulies" (Luca

Bercovici, 1985) y "Dolls" (Stuart Gordon, 1987) entre otras. Como la Full Moon le había dado la oportunidad de dirigir, y con buenos resultados, muchos de sus films, parecía la persona indicada para resolver en tan poco tiempo un encargo como este.

No solo se encargó de la dirección, sino que también se hizo cargo de los efectos especiales de "La nueva sangre". Había una sola condición: él se encargaría de elegir al nuevo Jason.

C. J. Graham había sido contratado para que repitiera el papel, pero Buechler tenía a otra persona en mente: Kane Hodder.

Hodder conoció al director durante el rodaje de "Prision" (Rene Harlin, 1987) la cual había sido producida por Charles Band en asociación con Irwin Yablans, productor de la mítica "Halloween" (John Carpenter, 1978).

Buchler quedó impresionado con, por aquel entonces, doble de riesgo y puso todas las fichas en él a la hora de elegir al nuevo Jason sabiendo que en esta entrega necesitaría a alguien que se animara a hacer trucos mucho más complejos que atravesar una ventana con el cuerpo. Los que no estaban tan convencidos eran los ejecutivos de la Paramount quienes veían a Hodder demasiado bajo para el rol. Recién cuando el director les proyectó las primeras tomas tuvieron que admitir que no había nadie que pudiera encarnar mejor al personaje que Hodder.

El protagónico recayó en Lar Park Lincoln que, a pesar de no ser conocida, venía teniendo algunas apariciones dentro del mundo del cine de terror.

"La nueva sangre" no había sido la primera vez en que la actriz tuvo que enfrentarse a Kane Hodder. En 1987 habían compartido pantalla en "House 2" (Ethan Wiley, 1987). Curiosamente las conexiones entre la saga de "Viernes 13" y "House 2" no terminan ahí. Harry Manfredini se encargó de componer ambas bandas sonoras y Ethan Wiley, su director, en el futuro aportaría dos temas al soundtrack de "Jason X" (James Isaac, 2001).

Aunque parezca mentira, meses atrás, la actriz había protagonizado un capítulo de la serie "Las pesadillas de

Freddy" ("Freddy´s Nightmares", 1988 – 1990) el cual estaba dirigido por Tom McLoughlin, director de "Viernes 13 parte 6: Jason Vive". Estaba más que claro que todos los caminos previos en su carrera la estaban llevando a ser parte de esta franquicia. Lo cual no fue buscado porque cuando participo del casting no sabía para que película estaba audicionando realmente. El guion que le habían dado llevaba el nombre de "Birthday bash" (Fiesta de cumpleaños). Cuando llegó a su casa y comenzó a leerlo con su marido este le dijo que estaba clarísimo que lo que estaban leyendo la nueva entrega de "Viernes 13". La actriz cuenta que aceptó participar por lo diferente que era la heroína de esta entrega con respecto a todas las demás. Que tuviera poderes telequinéticos la hacían mucho más interesante. De hecho, previo al film, investigó mucho sobre el tema. Tuvo entrevistas con muchas personas que decían tener poderes paranormales: "Una cosa es tener poderes psíquicos y otra muy diferente es poder explicárselos a otra persona" cuenta Park Lincoln "no se si realmente esas personas tenían o no esas habilidades, pero me fueron muy útiles a la hora de componer al personaje".

Del elenco de "La nueva sangre" el actor que más recuerdan los fans es sin dudas a Terry Kiser, quien un año más tarde pasaría a la historia por interpretar a Bernie Lomax, el jefe muerto de la comedia: "Fin de semana de locura" ("Weekend at Bernyie´s", Ted Kotcheff, 1989), papel que volvería a interpretar en su secuela en 1993. Kiser era especialista en encarnar personajes desagradables "El Dr. Crews era realmente deleznable" comenta el actor "hasta ese momento era reconocido básicamente por papeles cómicos, pero luego de esta película comenzaron a llamarme solo para interpretar villanos".

Cuando Kane Hodder apareció en el set nadie supuso el cambio que representaría para el personaje. Kane no era el actor más corpulento en encarnar a Jason, pero fue el que le puso una impronta personal que lo convertirían en el Jason definitivo hasta que fue reemplazado por Kane Kirzinger en "Freddy vs Jason" (Ronny Yu,

2003), lo cual generó mucho enojo entre los fans.

"Cuando me puse la máscara de Jason algo se modificó en mi" cuenta Hodder "pude conectar inmediatamente con él. Todos tenemos traumas no resueltos. Ganas de vengarnos de algo o alguien. Nuestro lado más oscuro que en general tratamos de disimular. Cuando conecté con esa parte de mi fue muy fácil interpretar al personaje". En "Prision", el film en el cual había trabajado con John Carl Buechler, también interpretó a un muerto viviente. Esa experiencia, sin saberlo, lo había preparado para este rodaje. En aquella oportunidad lo habían cubierto de gusanos y barro. Hodder le sugirió al director la idea de metérselos en la boca ya que sería lógico que un cadáver tuviera gusanos en su interior. Esa clase de compromiso con el trabajo era el que Buechler necesitaba. El actor estudió cada una de las encarnaciones de Jason y anotó lo que le gustaba y lo que le disgustaba para crear al Jason definitivo. Lo primero que tuvo en claro fue que en esta oportunidad debía ser mucho más ágil que en las entregas anteriores ya que la protagonista contaba con armas que las demás no habían tenido. Se tomó tan en serio su papel que no quiso salir del personaje en ningún momento. Era tan aterrador que nadie se animaba a acercársele. Hay una anécdota muy famosa sobre este rodaje. Para mantenerse en la piel de Jason, no solo no hablaba con nadie, sino que en vez de volver al hotel en auto al terminar el rodaje optaba por ir caminando por el bosque de noche. En una de esas caminatas nocturnas un hombre se le acercó preguntándole si estaba trabajando en la película. Hodden, con el vestuario y la máscara puesta no le respondió y se quedó mirándolo. El hombre volvió a preguntarle y Hodder, en silencio, inclinó la cabeza hacia un costado como suele hacer el personaje. El hombre comenzó a ponerse nervioso. Cuando Hodder comenzó a caminar con paso firme hacia él este salió corriendo despavorido. Al otro día llegó la noticia de que el Sheriff del pueblo había ido la noche anterior al rodaje para ver que todo se desarrollaba con normalidad, pero nunca llegó. Luego de cruzarse con Hodder en el bosque prefirió no volver a intentar visitar la locación.

La música nuevamente estuvo a cargo de Harry Manfredini, esta vez acompañado por Fred Mollin, un experimentado compositor de bandas sonoras para la televisión. Su antecedente más destacable fue haber trabajado junto a David Cronenberg componiendo la música de "Fast Company" (1979), una rareza dentro de la filmografía del director canadiense.

En realidad, el aporte de Manfredini fue simbólico ya que Mollin agarró las partituras de las entregas 1, 2, 4 y 6 sacó las partes que le eran útiles y las desparramó a lo largo del film. "Los productores me pidieron que la música debía ser más imponente" comenta Mollin "pero como no había mucho presupuesto reciclé lo que había disponible y compuse un tema para Tina". Los productores quedaron satisfechos con su trabajo lo que le valió ocupar la silla de compositor en la siguiente entrega y en la serie televisiva del mismo nombre.

El guion original de "La nueva sangre" volvía a meterse con la cronología de la saga situando la escena inicial seis años antes de "Jason Vive" donde vemos el hecho que traumaría a Tina de por vida. Luego saltamos diez años en el futuro para encontrarnos con la joven ya crecida tratando de resolver los demonios del pasado. El director intentó remediar los descuidos que tenía el guion a pesar del poco tiempo que se disponía. "En general los guiones de este tipo de películas son escritos por guionistas que se sienten por encima del material y no suelen prestarle mucha atención a los detalles" confiesa Buechler "lo peor es que a nadie pareciera importarle". A pesar de estar conforme con su trabajo en entrevistas suele quejarse revelando que los productores no quisieron prestarle más atención al personaje de Tina. En su visión esto era fundamental para que la historia funcionara correctamente, para esto investigó mucho sobre el tema de la clarividencia y fenómenos paranormales. En su propuesta había muchas escenas de pesadillas que los productores descartaron para que el film no se asemejara tanto a la del competidor que llevaba cuchillos en el guante.

La secuencia más complicada de filmar fue la batalla

entre Jason y Tina. Normalmente en los finales de "Viernes 13" la final girl le clavaba un machete, lo ahorcaba o lo enviaba al fondo del lago, en esta oportunidad la pelea requería muchos efectos especiales y escenas de riesgo.

En todas estas tomas el que llevaba la peor parte era Hodder, ya que su personaje era el blanco de los poderes mentales de Tina. "La escena más peligrosa fue en la que me tuvieron que prender fuego. En mi carrera como doble de riesgo he hecho centeneres de estas escenas, pero en general a uno le prenden fuego un brazo o la espalda. En "La nueva sangre" prendieron fuego todo mi cuerpo y se tenía que ver que era yo todo el tiempo" explica el actor "lo que no sabe la gente es que cuanto más tiempo dure la escena, mucho más peligroso es para el actor. Esta fue la vez que más tiempo estuve prendido fuego, fueron cuarenta y cinco segundos por reloj. Creo que debo haber batido algún récord mundial" concluye riéndose.

Fueron varias las escenas en las que el actor estuvo en riesgo. El director admite que la que pudo haber terminado mal fue una donde Jason cae atravesando los peldaños de una escalera. Los encargados de los efectos especiales reemplazaron algunos peldaños de madera maciza por unos de madera balsa para que Hodder los atravesara al caer. El problema fue que el cálculo lo hicieron en base a la altura del actor sin contemplar un margen mayor por las dudas de que no cayera en el lugar preciso donde debía hacerlo. Por suerte Hodder lo hizo a la perfección, si su cabeza hubiera pasado un centímetro más de lo planeado se hubiera golpeado contra la madera corriendo el riesgo de desnucarse.

Finalmente, la escena donde Hodder lo arriesgó todo fue en la que la casa se prende fuego y se desploma sobre él. La locación estaba construida con madera balsa intercalada con algunos troncos de madera real que le daban estabilidad a la construcción. Al prenderse fuego fue una cuestión de azar la que hizo que el actor saliera ileso de esa toma. Hoy en día con el avance en materia de efectos especiales en ninguna de estas escenas hubiera sido necesario que el protagonista ponga en riesgo su vida, pero en los 80s los efectos se hacían delante de la cama generando una tensión que las películas de hoy no han podido duplicar.

Como sucedió en las últimas entregas, luego de la batalla, Jason termina nuevamente en el fondo del lago. Hodder cuenta que se filmó un final alternativo en el cual un pescador luego de tirar la carnada al agua es atacado por Jason que, saltando desde el fondo del lago, lo atrapa replicando la famosa escena de la primera parte. El actor posee una copia en video casete que atesora junto a otras rarezas rescatadas de diferentes rodajes.

"Viernes 13, parte 7: La nueva sangre" fue un fracaso en taquilla, al menos con respeto a lo que se esperaba de ella. 1988 fue un año en el cual el público apostó por las comedias. La película más taquillera del año fue "¿Quién engaño a Roger Rabbit?" ("Who framed Roger Rabbit?", Robert Zemeckis, 1988), pero en el top ten estaban: "Un príncipe en Nueva York" ("Coming to America", John Landis, 1988), "Quisiera ser grande" ("Big", Penny Marshall, 1988), "Gemelos" ("Twins", Ivan Reitman,

1988), "Cocodrilo Dundee 2" (John Cornell, 1988), "La pistola desnuda" ("The naked gun", David Zucker, 1988), "Coctel" ("Cocktail", Roger Donaldson, 1988) y "Beetlejuice" (Tim Burton, 1988). Dejando en claro que la gente estaba buscando otro tipo de entretenimiento.

Los films de terror de ese año quedaron muy por debajo en la lista de las películas más vistas, salvo "Pesadilla 4, los guerreros del sueño" ("A nightmare on Elm Street 4, the dream master", Renny Harlin, 1988) que consiguió un digno puesto 19. A pesar de todo Jason superó a muchos de sus competidores. Por debajo de "La nueva sangre" se ubicaron: "Halloween 4, el regreso de Michael Myers" ("Halloween 4, the return of Michael Myers", Dwight H. Little, 1988), "Poltergeist 3" (Gary Sherman, 1988), "Hellraiser 2" ("Hellbound, Hellraiser 2", Tony Randel, 1988), "El regreso de los muertos vivos 2" ("Return of the living dead 2", Ken Wiederhorn, 1988), "Fantasma 2" ("Phantasm 2", Don Coscarelli, 1988), "Critters 2" (Mick Garris, 1988) y "Pumpkinhead" (Stan Winston, 1988) por nombrar algunas.

Hicieran lo que hicieran la franquicia no podía lograr

los resultados de las primeras. A pesar de eso seguía siendo redituable. Con un presupuesto de 3.5 millones de dólares recaudó 19, lo que hacía que se mantuviera en pie.

Lo que más les molestaba a los productores era que Jason siguiera siendo golpeado una y otra vez por Freddy en la taquilla. Con cada entrega confirmaban que eran el pasado. Algo debían hacer.

Como comentamos recién, el público buscaba un tono más alegre, algo que Krueger ofrecía sin demasiado esfuerzo. El problema era que Jason por su naturaleza no podía hacer nada para cambiar su personalidad, lo que si se podía cambiar era su locación. Buscando aires nuevos y menos deprimentes que un bosque abandonado nuestro villano enmascarado emprendería un viaje hacia La gran Manzana.

# OTROS SLASHERS DE 1988

"Halloween 4, the return of Michael Myers" (Dwight H. Little, 1988)

"A nightmare on Elm Street 4, the dream master" (Renny Harlin, 1988)

"Child´s Play" (Tom Holland, 1988)

"Maniac Cop" (William Lustig, 1988)

"Sleepaway Camp 2" (Michael A. Simpson, 1988)

"Amsterdamned" (Dick Maas, 1988)

"Al filo del hacha" (José Ramón Larraz, 1988)

"Pumpkinhead" (Stan Winston, 1988)

"Deadly Dreams" (Kristine Peterson, 1988)

# CAPITULO XI

## VIERNES 13, PARTE VIII JASON TOMA MANHATTAN (1989)

*Con "Jason toma Manhattan" la franquicia no solo cierra la década sino el final de un ciclo. Desde 1980 la factoría Jason venía estrenando a razón de una película al año.* Apenas una entrega llegaba a los cines se comenzaba a preparar la siguiente más allá de que los resultados económicos, a partir de la quinta, venían decreciendo año a año. Así como los historiadores consideran "Capitulo final" como la película que cierra la era de oro del cine Slasher, "Jason toma Manhattan" es considerada la que cierra el ciclo comenzado por "Halloween" (John Carpenter, 1978) casi diez años atrás.

Esto hubiera terminado en 1984 si no fuera por la

inyección de vida que significo la aparición de Freddy Krueger ese año en "Pesadilla, en lo profundo de la noche" ("A nightmare on Elm Street, Wes Craven, 1984), pero para 1989 incluso esa franquicia comenzaba a dar señales de agotamiento. "Pesadilla 5: el niño de los sueños" ("A nightmare on Elm Street 5: The Dream Child", Stephen Hopkins, 1989) estrenada el mismo año que "Jason toma Manhattan" resultó un fracaso en la taquilla recaudando menos de la mitad que la entrega anterior. Por esta razón el señor de los guantes filosos los colgaría en 1991 para darse un respiro con "Pesadilla 6: La muerte de Freddy" ("Freddy´s dead: The final nightmare", Rachel Talalay, 1991).

Muchas fueron las razones para que esto sucediera: la primera es, sin lugar a dudas, el agotamiento del público después de diez años de ver películas que imitaban a otras películas sin aportar nada nuevo. La segunda fue el boom de las películas hechas directamente para video. La década del ochenta es la década en la que el video hogareño se hizo masivo, tanto que las editoras al ver que algunos de sus proyectos serían un fracaso en taquilla los estrenaba directamente en video para evitar las costosas campañas publicitarias que, en muchos casos, costaban más que las películas que debían promocionar.

En otros casos editoras independientes realizaban películas de bajísimo presupuesto filmadas en este formato para intentar ganar plata rápidamente. El presupuesto se invertía en un buen diseño de portada y los espectadores solían verse estafados al ver que el contenido no era ni por casualidad parecido al que ofrecía la caratula. En otras oportunidades editoras fantasmas compraban derechos de películas europeas de bajo presupuesto filmadas en la década anterior y las editaba con nuevos nombres tratando de sumarse a esta moda. Todo este fenómeno trajo cosas buenas: como que películas que no habían tenido éxito en su paso por el cine tuvieran una segunda oportunidad, y en muchos casos, generando ganancias impensadas como en es el caso de películas como: "Blade Runner" (Ridley Scott, 1982) que hoy es una película de culto, pero que en su estreno fue un fracaso de taquilla que apenas recuperó lo invertido. Con la llegada del video fue redescubierta convirtiéndose en uno de los clásicos indiscutido del cine de ciencia ficción. Lo mismo sucedió con "El enigma del otro mundo" ("The thing", John Capenter, 1982). Estos son dos ejemplos entre tantos. Dos casos bastante peculiares son los de: "Darkman" (Sam Raimi, "Tremors" y (Ron Underwood, 1990) que siendo fracasos en taquilla tuvieron una larga vida en el video hogareño generando varias secuelas estrenadas directamente en este formato.

El lado oscuro de este fenómeno, como comentamos, fueron la infinidad de títulos filmados con dos centavos que hicieron que el público comenzara a no querer arriesgar su dinero en subproductos de tan baja calidad.

La tercera razón es que el cine de terror suele tener sus momentos de gloria cuando las sociedades están angustiadas o viven algún tipo de inestabilidad ya sea económica o política. Por ejemplo: 1968 fue un año marcado por revueltas estudiantiles, tanto sea de manera violenta ("El Mayo Frances") como pacíficas "("El verano del amor"). El mundo miraba por televisión las macabras imágenes de los bombardeos y sus consecuencias que provenían de la guerra de Viet Nam. No es casualidad que 1968 sea el año en que el cine de terror marcó un antes y un después con películas como: "El bebe de Rosemary" ("Rosemary´s baby", Roman Polanski, 1968) y "La noche de los muertos vivientes" ("The night of the living deads", George Romero", 1968).

1974 fue el año en el que Estados Unidos experimenta uno de escándalos políticos que marcaron a fuego la historia de ese país: el Watergate, el cual generó la salida anticipada del presidente Richard Nixon. Ese año el cine de terror sufría otro cambio rotundo con el estreno de: "La masacre de Texas" ("The Texas Chainsaw Massacre", Tobe Hooper, 1974), la cual definió un rumbo dentro del género y permitiría la aparición de películas como: "Halloween" y "Viernes 13".

Los ochentas se vieron marcados por la impronta gene-rada por Ronald Reagan y su guerra fría entre su país y Rusia, la cual hizo que el mundo estuviera pendiente de que estas dos potencias no decidieran iniciar una terce-ra guerra mundial. Este marco generó el clima ideal para que el cine de terror de esa década fuera tan productivo y efervescente.

La salida de Reagan del gobierno en 1989 y la Caída del Muro de Berlin coincidió con la debacle del subgénero slasher y el final de una época en la franquicia de "Viernes 13".

Cuando comenzó la producción de "Jason toma Manhattan" nadie se imaginó que esta entrega significaría el principio del fin. La familia "Viernes 13" venía trabajando sin descanso desde 1980 y se apostó todo para que esta entrega fuera la encargada de poner nuevamente a Jason entre monstruos más importantes de la próxima década. De hecho, esta fue la más costosa de la saga. La idea de filmar en Nueva York hizo que los costos se elevaran por encima de las demás, a pesar que fueron pocas las escenas en la Gran Manzana. Otra cosa que se terminaría es la numeración de las secuelas. Las próximas en vez de números llevarían títulos independientes ("Jason va al infierno", "Jason X", "Freddy vs Jason", "Viernes 13) con la intención de alentar al público a concurrir a las salas a pesar de haberse perdido alguna de las entregas anteriores.

En esta oportunidad al director no se lo buscó por fuera, sino en el grupo interno. Rob Hedden se había encargado de escribir y dirigir algunos capítulos de la serie televisiva "Viernes 13" con los cuales los productores habían quedado muy satisfechos. Cuando se le hizo la oferta el director aceptó de inmediato, aunque estaba un poco confundido con respecto a la línea temporal ya que, luego de hacer una maratón para visionar toda la saga había tantos huecos temporales y de trama que no sabía hasta qué punto debía respetar todo lo hecho hasta ese momento. La respuesta llegó luego de tener una charla con los productores: "hacé lo que quieras con el personaje, te damos total libertad" Evidentemente eso mismo se le dijo a todos los directores que habían ocupado ese rol antes que él y esa era la razón principal por la cual nada tenía sentido, ya que cada uno hizo lo que quiso sin tener en cuenta nada de lo que los demás habían hecho. Un poco más aliviado preguntó:

¿Puedo sacarlo del campamento? Los productores se miraron como diciendo ¿Cómo no se nos ocurrió antes? Jason se había pasado toda la década dando vueltas por el mismo bosque, era hora de cambiar de escenario. Frank Mancuso Jr. fue el que propuso. ¿Y si lo llevamos a Nueva York? A todos les pareció la mejor idea del mundo. Con esa consigna en mente Hedden escribió el nuevo guion. Todo parecía encaminarse, los problemas aparecieron cuando el presupuesto no alcanzó para una idea tan brillante. Fue en ese momento en donde Nueva York se convirtió en Vancouver. Esto es algo que se suele hacer muy seguido en Hollywood, aprovechar que Canadá tiene costos más bajos, hablan el mismo idioma, están cerca y el diseño urbano, sin ser el mismo, puede disfrazarse. Es por esto que suelen ir a filmar películas o series de televisión de presupuesto reducido.

En el guion original solo la primera media hora transcurría en el barco. A medida que el presupuesto se fue achicando se incrementaron las escenas en esta locación y se fueron adaptando las que transcurrían en la ciudad para que pasaran a ocurrir en la embarcación.

Con respecto a la línea temporal. Si siguiéramos el orden cronológico "La nueva sangre" transcurriría en 1999. Se decidió tratar de reordenar la saga y devolverlo al presente. Es por eso que "Jason toma Manhattan" transcurre en 1989.

Kane Hodder regresa para interpretar a Jason convirtiéndose en el primer actor en encarnar al personaje en más de una oportunidad. Lo que nadie sospechaba en ese momento es que dentro del equipo técnico se escondía el próximo Jason: Ken Kirzinger, encargado de diseñar las escenas de riesgo, se pondría la máscara de Jason catorce años más atrde en "Freddy vs Jason" (Ronny Yu, 2003). En "Jason toma Manhattan" hace un pequeño papel como cocinero, una vez que Jason llega a Manhattan. A Hodder le dolió mucho que lo reemplazaran por Kirzinger, ya que sentía que había nacido para interpretar al personaje, pero los productores del crossover más esperado del cine de terror buscaban a alguien más alto y corpulento haciendo que "Jason X" (Jason Isaac, 2001) fuera la última oportunidad en la que

Hodder pudo usar la máscara dentro de la franquicia.

En más de una oportunidad ha dicho que su preferida es "La nueva sangre": "Me encanta el nuevo concepto y tiene muchas escenas de acción que están realmente muy bien" confiesa el actor "pero Jason toma Manhattan, a pesar de que muchos la consideran la peor de la serie, tiene muy buenos diálogos y las escenas que pude filmar en Nueva York, con el traje puesto y rodeado de gente fueron increíbles. Quizás una de las mejores experiencias que tuve haciendo de Jason".

Algo que comentan muchos de los participantes del rodaje fue que se sentía en el aire que esta iba a ser la última, al menos por mucho tiempo.

Un ciclo se había terminado. Más allá de los resultados todos se propusieron que esta entrega resultara un gran final. Una de las maneras para lograrlo era que tuviera muchas más muertes que las anteriores, para esto reclutaron a varios expertos en efectos especiales que habían participado en entregas anteriores. Uno de ellos era Martin Becker, quien había estado vinculado a la franquicia desde "Viernes 13, parte 3" (Steve Miner,

1982). "La idea de que Jason se convirtiera en niño otra vez me pareció original, al menos nadie lo había hecho antes." comenta Becker "Hedden fue bastante precavido y nos pidió que realizáramos diferentes efectos para que la misma toma pudiera ser: muy sangrientas, sangrientas o poco sangrientas para estar asegurados en el caso de que la MPAA nos censurara alguna".

Así como muchas de las películas anteriores esta tuvo su nombre provisorio homenajeando a un tema de Davis Bowie, en este caso fue "Ashes to ashes" del disco "Scary Monsters" de 1980. Era el tema indicado teniendo en cuenta que, en ese momento, se pensaba que esta sería la última de la saga.

Por primera vez el campamento no se filmó en Estados Unidos, en esta ocasión se encontró uno en Vancouver que reunía todas las condiciones. Para el director, lo más importante era que tuviera un lago que pudiera confundirse con el Crystal Lake original. Otra de las razones para optar por Vancouver fue que tenía línea de subte, con el bajo presupuesto con el que se contaba hubiera sido imposible filmar esas escenas en los subtes de Nueva York.

La música estuvo a cargo de Fred Mollin, quien había ocupado ese rol junto a Manfredini en "La nueva sangre". Hedden lo conocía por haber trabajado con él en algunos capítulos de la versión televisiva de "Viernes 13" y al tener el control total sobre el film prefirió trabajar solo con él dejando a Manfredini fuera del proyecto. Poco se dice, pero los productores, al sentir que Jason había quedado fuera de moda les parecía que la música de esta entrega tenía que estar más acorde a los tiempos que corrían ya que la banda sonora original, para ellos, había quedado vieja. Esta es la verdadera razón por la cual Manfredini no participó de esta entrega, un gran error que contribuyó a que se terminara de perder la magia que mantenía viva a la franquicia.

Lamentablemente ese no fue el único error, la presión del éxito que la saga de "Pesadilla, en lo profundo de la noche" les generaba hizo que cometieran algunos innecesarios, como incluir en el guion las alucinaciones de Rennie, en las cuales el espectador termina confundiendo la realidad con la ficción. Algo que es parte del verosímil de la franquicia de Freddy, pero que no tiene nada que ver con el mundo que propone "Viernes 13". Incluso el final sobrenatural en donde Jason se convierte en niño está más cercano a algo que pudiera pasar en las películas de Freddy que en las de Jason. Kane Hodder recuerda advertirle sin éxito que ese final no iba a funcionar. "Admito que el final en donde luego de tragar litros de material toxico me convierto en niño es pésimo, pero la secuencia anterior donde me tapa el agua está muy bien hecha. Recuerdo que la parte más difícil fue cuando me pegó el agua. Después se me pidió que vomitara, esa parte fue fácil. Puedo vomitar cuando quiera, les dije, denme un poco de agua y lo hice sin problemas. Lo difícil fue lo otro, de todo modo a nadie le gustó ese final"

Pero la equivocación más grande de todas fue promocionar a la película como la entrega en la cual Jason va a Manhattan y que esto sucediera recién en el tercer acto del film. "Pensé que iba a ser capaz de crear el suficiente suspenso como para que las escenas arriba del barco mantuvieran el interés del público hasta llegar a Manhattan" asume el director "pero esto no fue así y en su gran mayoría se vio defraudado. Deberíamos haber filmado más escenas en Vancouver aprovechando algunas locaciones que podían simular que estábamos en Nueva York".

La suerte estaba echada y "Viernes 13, parte 8: Jason toma Manhattan" llegó a los cines el 28 de julio de 1989, dos semanas después del estreno de "Pesadilla 5, el niño de los sueños" (Stephen Hopkins, 1989), la cual, como comentamos, también fue un fracaso en la taquilla recaudando 22 millones de dólares que comparado con los 14 de "Jason toma Manhattan" parecería ser un éxito.

Con esos resultados la Paramount le bajó el pulgar a Jason y lo puso a dormir el sueño de los justos. Por su parte, la franquicia de Freddy siguió unos años más hasta que el propio Wes Craven le puso fin en 1994 con "La nueva pesadilla de Wes Craven" ("Wes Craven's New nightmare", 1994).

"Viernes 13, parte 8: Jason toma Manhattan" ocupó el peor puesto entre las películas más vistas del año que se tenga registro dentro de la saga quedando en el número 70. Tengamos en cuenta que "La nueva sangre" había sido considerada un fracaso al ocupar el puesto 56 con respecto a "Parte 6" que había conseguido quedar 34. El puesto 70 significaba el final de una era, a pesar de superar a otros films de terror como "Halloween 5, la venganza de Michael Myers" ("Halloween 5, the revenge of Michael Myers, Dominique Othenin-Girard, 1989), "El fantasma de la Opera" ("The Phantom of the Opera", Dwight H. Little, 1989) adaptación del clásico de Gaston Leroux protagonizada por Robert Englund (Freddy) y dirigida por el director de "Halloween 4, el retorno de Michael Myers". Robert Englund tendría otro fracaso durante 1989. Su debut en el rol de director ("976-Evil)" protagonizado por Stephen Geoffreys, más conocido por su papel de amigo alocado en "La hora del espanto" ("Fright Night, Tom Holland, 1985) y que luego de este fracaso abandonó Hollywood para dedicarse a protagonizar films condicionados de temática homosexual, se ubicó en un lamentable puesto 133 a pesar de no ser una mala película, de hecho, tuvo una secuela que fue directo a video en 1992 protagonizada por Brigitte Nielsen.

Otro gusto que se dio Jason fue superar a su creador. En 1989 Sean S. Cunningham dirigió "Deep Star Six" un film de ciencia ficción que fracaso en taquilla ocupando el puesto número 93 y produjo "The Horror Show" (James Isaac, 1989), la cual en algunos países se estrenó como "House 3". Isaac seguiría asociado a Cunningham, quien lo llevaría a dirigir "Jason X".

El mundo había cambiado. "Viernes 13" había nacido en una época en la cual los realizadores independientes, en muchas ocasiones, podían pelear de igual a igual con los tanques de Hollywood. Films como "Rocky" (John G. Avildsen, 1976), un film de bajo presupuesto, podían ganar el Oscar a la mejor película y proyectos clase B como "Halloween" y "Viernes 13" podían estrenarse a nivel mundial y recaudar millones de dólares. En los 90 los estudios apostaron por los Blockbusters (no a la cadena de videoclubes, sino films destinados a ser grandes éxitos de taquilla). No importaba si la película fuera buena o mala, cuanto más se invertía más se podía recaudar.

El primer Blockbuster de la nueva era (el primero había sido "Tiburón" en 1975) fue "Batman" (Tim Burton, 1989), film que significó el renacimiento del cine de superhéroes, género que seguiría creciendo hasta dominar el mercado en el siglo XXI.

Cuando finalmente los dos monstruos más grandes del cine de terror contemporáneo desaparecieron de la pantalla comenzaron las tratativas para juntarlos en la esperada "Freddy vs Jason", pero este proyecto necesitaría una década más para poder ver la luz del sol y, luego de un descanso, Jason volvería a las pantallas y de Manhattan se iría directamente al infierno.

# OTROS SLASHERS DE 1989

"Halloween 5, the revenge of Michael Myers" (Dominique Othenin-Girard, 1989)

"A nightmare on Elm Street 5, the dream child" (Stephen Hopkins, 1989)

"Clownhouse" (Victor Salva, 1989)

"Death Spa" (Michael Fischa, 1989)

"Shocker" (Wes Craven, 1989)

"Cutting Class" (Rospo Pallenberg, 1989)

"Prom Night 2" (Bruce Pittman, 1989)

"Sleepaway Camp 3" (Michael A. Simpson, 1989)

"A night to dismember" (Doris Wishman, 1989)

"Intruder" (Scott Spiegel, 1989)

# CAPITULO XII

## JASON VA AL INFIERNO, EL VIERNES FINAL (1993)

*1987 se considera el año en que termina la segunda ola dentro del Slasher. La primera etapa (1978 / 1984) está compuesta por films que comparten los elementos típicos del Slasher (asesinos enmascarados, armas blancas, jóvenes aislados, muertes violentas, etc).*

La segunda (1985 / 1987) comienza tras el éxito de "Pesadilla, en lo profundo de la noche" (Wes Craven, 1984) en donde la temática del Slasher se complejiza un poco y se torna más fantástico. Es un período muy corto que se cierra en solo tres años con el estreno de "Hellraiser" (Clive Baker, 1987). A partir de ese momento los pocos Slashers que se estrenan hasta terminar la década siguen ese patrón fantástico: Phantasm II, Chucky, Hellraiser II, Shocker, Maniac Cop, Candyman, etc,

Para 1990 los críticos pensaban que se habían liberado de ese género que tanto denostaban, pero estaban muy equivocados. El Slasher no había muerto. Como pasa en muchos casos, el sistema para hacerlo desaparecer lo había fagocitádo. En 1987, el mismo año que hoy se considera como fin del ciclo, se estrena: "Atracción fatal" (Fatal Atraction, Adriane Lyne, 1987), película en la cual una mujer aterroriza a un hombre durante casi dos horas con un arma blanca: el Slasher había pasado al cine mainstream.

Entre 1987 y 1990 se estrenan dos películas más que legitimarían este traspaso consiguiendo nominaciones a los premios Oscars: la recién nombrada "Atracción Fatal" (nominada a seis premios de la academia incluyendo mejor película, director, actriz y guion) y "Misery" (Rob Reiner, 1990), la cual conseguiría el Oscar y el Globo de Oro en el rubro mejor actriz otorgado a Kathy Bates (si, el mismo apellido de Norman, esto sí que es pura casualidad) quien interpretaría a otra psicópata que aterroriza a un hombre con armas blancas, martillos y pistolas. Entre 1987 y 1995 las salas se llenaron de películas de terror psicológico que compartían muchos puntos de contacto con el Slasher, pero que reemplazaban las escenas sangrientas (aunque muchas las tenían) por altas cuotas de suspenso. Entre ellas podemos nombrar: "El inquilino" (Pacific Heights, John Schlesinger, 1990), "Cabo de miedo" (Cape Fear, Martin Scorsese, 1991), "El silencio de los inocentes" (Silent of the lambs" Jonatham Damme, 1991), la cual terminaría de cristalizar la tendencia recibiendo el Oscar a la mejor película, mejor actor y mejor actriz, "Durmiendo con el enemigo" (Sleeping with the enemy, Joseph Ruben, 1991), "La mano que mece la cuna" (The hand that rocks de cradle, Curtis Hanson, 1992), "Mujer soltera busca" (Single white female, Barbet Schoreder, 1992), "Bajos instintos" (Basic Instint, Paul Vehoeven, 1992), "La suplente" (The temp, Tom Holland, 1993), "El cuerpo del delito" (Uli Edel, 1993), "Copycat" (Jon Amiel, 1995), "Pecados capitales"

("Seven", David Fincher, 1995), por nombrar algunas. "Pecados capitales" demostró que el público estaba ávido de volver a ver sangre y tripas. Esto hizo que en 1996 Wes Craven pudiera reinventar, otra vez, el género y diera inicio a la tercera ola del cine Slasher con "Scream" (Wes Craven, 1996), pero para eso falta bastante.

Volviendo a "Viernes 13", el fracaso en taquilla de "Jason toma Manhattan" hizo que la Paramount pudiera, finalmente, tener una excusa válida para quitarse de encima a Jason. Habían pasado una década estrenando películas de la franquicia solo por el redito económico que les daba. Ahora que los dólares no entraban como antes podían cerrar esa etapa que sentían como una macula espantosa dentro de su catálogo. Pensaban que le habían sacado hasta el último jugo al monstruo y ahora podían meterlo tranquilamente en el ropero, cerrar la llave y tirarla para nunca más abrirlo.

Pero estamos hablando de Hollywood y siempre hay

una posibilidad de sacar un dinero extra. La gente de Paramount puso en venta la saga, pensando que no les darían mucho más viendo el mal desempeño que habían tenido las últimas entregas. Ese es el momento en el que entra en escena la New Line Cinema (la casa que construyó Freddy).

Quizás muchos crean que la New Line nació junto a las películas de Freddy Krueger, pero en realidad fue fundada en 1967 por Robert Shaye. En un comienzo se dedicó solamente al negocio de la distribución (compraban derechos de películas producidas por otras personas para poder estrenarlas en cines). Durante los 70s se ganaron la reputación de empresa que distribuía cosas raras. Su primer gran éxito fue el reestreno en el circuito de midnight movies (películas de culto que se dan a la medianoche una vez a la semana) de "Reefer Madness" (Louis J. Gasnier, 1932), un film anti marihuana que en los 70s se convirtió en consumo irónico de los consumidores de marihuana. También distribuían las películas de John Waters y acompañaron su crecimiento a partir del film, hoy de culto, "Pink

Flamingos" (John Waters, 1972) y hasta ganaron un Oscar gracias a la distribución en Estados Unidos del film frances "Preparen los pañuelos" (Bertrand Belier, 1978) sobre un esposo que, al ver a su mujer depresiva, contrata a un hombre para que la enamore, cualquier parecido con "Un novio para mi mujer" (Juan Taratuto, 2008) es pura coincidencia...

Antes de dar a luz a Freddy y mucho antes de comprar los derechos de "Viernes 13" compraron los derechos del otro gran monstruo del cine de terror. Leatherface. En 1983 la Bryanston Distributing Company, dueños de los derechos de "La masacre de Texas" (Tobe Hooper, 1974) los pierde y estos vuelven a sus dueños originales. En ese momento la New Line los compra y la reestrena logrando otro gran éxito de taquilla.

Esto quiere decir que la compra de la franquicia "Viernes 13" no fue algo hecho sin pensarlo. Con esa compra se convertían en los dueños de los tres personajes más icónicos del terror contemporáneo.

El responsable de esto fue Michael De Luca, por aquellos años jefe de producción de la New Line y amante del género de terror, quien había contribuido en los guiones de "Pesadilla 6: la muerte de Freddy" y "La nueva pesadilla de Wes Craven".

Estaba todo dado para que Jason tuviera la secuela que merecía, pero esto no sucedió debido a que el bueno de De Luca cometió un grave error: insistir en que Sean S. Cunningham (director de la primera entrega y padre de Jason) entrara en el proyecto. "Para mí era imprescindible que Sean estuviera involucrado" dijo años después en una entrevista "para hacer las cosas bien ¿Quién mejor que aquel que le había dado vida? Era como tener a Carpenter para una nueva "Halloween" o a Tobe Hopper para una nueva "Masacre de Texas". Finalmente lo logramos y Sean se sumó como consultor".

Sin dudas De Luca había procedido de una manera muy lógica que evidenciaba su amor por el género. El problema era que Sean Cunningham, a diferencia de Carpenter o Hooper, odiaba a Jason. En su cabeza

Jason no era parte de su creación. Para él "Viernes 13" se trataba sobre un grupo de jóvenes que eran asesinados, uno por uno, en un campamento de verano por una mujer que, tras la muerte de su hijo, había quedado loca. En ese marco Jason no existía. Es por eso que en la primera versión del guion de "Viernes 13: parte 9" casi no figuraba el personaje.

Esta historia trataba sobre la familia Voorhees, no sobre Jason. Es por eso que el asesino con la máscara de Hockey moría en la primera escena y el resto del argumento se centraba en su hermana, lo cual enfureció a los fans, ya que en la primera entrega su madre había dejado claro que Jason era su único hijo.

Otro gran cambio fue que por primera vez el elenco no estaría compuesto por adolescentes hormonales deseosos de drogarse y tener sexo. En esta ocasión estaría compuesto por adultos tratando de alejarse lo máximo posible a todo lo visto en las películas anteriores. De hecho, no se llamaría "Viernes 13: parte 9", sino que, a pasar de tener los derechos del nombre completo, deliberadamente se llamaría "Jason va al infierno: el último viernes". Fuera de Estados Unidos los distribuidores, para no confundir al público y para asegurarse las ganancias, mantuvieron la relación del título con el resto de las entregas. En España se llamó: "Viernes 13 parte IX: Jason va al infierno", en México: "Viernes 13 parte IX, el final: Jason va al infierno" y en el resto de Latinoamérica: "El último Martes 13: la muerte de Jason" (en Argentina se la conoce como "Martes 13" porque ese día es el que se asocía con la mala suerte, no el viernes).

Al hacer las proyecciones de prueba los fanáticos la odiaron. Todos reclamaban a Jason. Nadie, salvo Sean Cunningham, quería ver una película de "Viernes 13" sin Jason. Es por eso que se tuvieron que filmar muchas escenas nuevas tratando de arreglar algo inarreglable haciendo que muchas cosas no tuvieran lógica. Por ejemplo, que cuando Jason se mira al espejo teniendo otro cuerpo en este se reflejara al personaje con la máscara de Hockey y todo un nuevo final con Jason recuperando su cuerpo original para pelear con su hermana.

La última toma en la cual vemos las garras de Freddy salir de la tierra y agarrar la máscara de Jason llevandosela al infierno, revelaba las verdaderas intenciones del estudio, preparar el terreno para la tan esperada: "Jason vs Freddy". Ese proyecto iba a tener que esperar diez años más tras el pobre desempeño de "Jason va al infierno". Los criticos la mataron, los fans la odiaron y, a pesar de recaudar más que "Jason toma Manhattan" la productora no quiso arriesgarse a un fracaso aún más grande después de haber defraudado a los seguidores del asesino enmascarado.

Una de las grandes críticas más grandes que tuvo fue que, no solo habían obviado todo lo que le daba gracia a la franquicia, sino que lo habían reemplazado por una idea robada de otro film: "Hidden, lo oculto" (Jack Sholder, 1987). Obviamente todos negaron haber visto el film a pesar de estar dirigido por alguien ligado a la productora (recordemos que Sholder había dirigido el primer film de terror de la New Line: "Alone in the dark" y la primera secuela de Pesadilla: "Pesadilla 2: la venganza de Freddy").

Años más tarde Cunninhgam admitiría que la única razón que tuvo para sumarse al proyecto fue la promesa por parte de la productora de comprarle otros proyectos y de mantener viva la franquicia.

"Jason va al infierno" recaudó casi 16 millones de dólares superando a films como: "Needfull things", adaptación de la novela de Stephen King, "True Romance" basada en un guion de Quentin Tarantino, "Army of Darkness" la tercera y última parte de la saga de "Evil Dead", "Leprachaun", "La mitad siniestra" otra adaptación de una novela de Stephen King y "El Mariachi", la Opera prima de Robert Rodríguez.

Ese fue el año en que "Jurassic Park" rompió todos los records recaudando 978.167.947 millones de dólares. Una cifra sin precedentes si tenemos en cuenta que el segundo film más taquillero del año (Mrs Doutfire) recaudó 219 millones y el tercero ("El fugitivo") 183 millones. En ese contexto los magros 15 millones de nuestro amigo Jason hicieron que la productora decidiera posponer cualquier cosa referida al personaje.

De todos modos, lo peor estaba por venir. En una entrevista Carpenter, refiriéndose a Michael Myers, dijo que después de tantas malas películas lo único que podían hacer con su personaje era enviarlo al espacio. Al parecer los dueños de la New Line no entendieron la ironía y la tomaron de manera literal. Es por eso que ocho años después Jason volvería convertido en ¿Terminator?

Para 1993 el género había desaparecido, es por eso que "Jason va al infierno" fue el único que se estrenó. Otros films de terror que podríamos decir que tenían algunas características del Slasher fueron: "Maniac Cop 3" (William Lustig, 1993) y "Trauma" (Dario Argento, 1993), que en realidad es un Giallo, uno de los géneros que dio nacimiento al Slasher. Este film significo el desembarco de Dario Argento en Estados Unidos.

## OTROS SLASHERS DE 1993

"Maniac Cop 3" (William Lustig, 1993)

"Leprechaun" (Mark Jones, 1993)

"Trauma" (Dario Argento, 1993)

# CAPITULO XIII

## JASON X (2001)

*Jason hace su desembarco en el nuevo milenio con "Jason X", un film que desconcertaría a los fans que a esta altura podían esperar cualquier cosa de esta franquicia menos que la enviaran al espacio.*

El panorama dentro del cine de terror había cambiado mucho desde la primera aparición del personaje, sobretodo tras el estreno de "Sexto sentido" ("The sixth sense, M. Night Shyamalan, 1999) el cual hizo que todas las productoras estuvieran ávidas de estrenar películas con fantasmas.

Cuando parecía que el subgénero fantasmal estaba

233

agotado luego de películas como: "Ecos mortales" ("Stir of echoes", David Koepp, 1999), "The haunting" (Jan De Bont, 1999) o "Revelaciones" ("What lies beneath, Robert Zemeckis, 2000) y el 2001 nos trajo "Los otros" ("The others", Alejandro Amenabar, 2001), la cual recargó las baterías para que en los próximos años siguieran saliendo films como: "13 fantasmas" ("Thirteen ghosts", Steve Beck, 2001) con Jefrey Rush, "El misterio de la libélula" ("Dragonfly", Tom Shadyac, 2002) con Kevin Costner, "Gothika" ("Mathieu Kassovitz, 2003) con Halle Barry, "The forgotten" (Joseph Ruben, 2004) con Juliane Moore, "Voces del más allá" ("White Noise", Geoffrey sax, 2005) con Michael Keaton, "The skeleton key" (Iain Softley, 2005) con Kate Hudson, entre otras. Todas con grandes figuras que sentían que sumarse a esta ola revitalizaría sus carreras.

Lo otro que generó "Sexto sentido" fue la posibilidad de que occidente conociera al Terror Nipón.

La avidez por el cine de fantasmas hizo que Hollywood recurriera a editar en DVD éxitos del cine de terror oriental, especialistas en este género. Como los norteamericanos no suelen estar predispuestos a leer subtítulos el segundo paso fue hacer remakes de esos films. Así las salas se llenaron de versiones yankees de films como "La llamada", "Aguas turbias" y El grito" y sus respectivas secuelas, por nombrar algunas.

España aportó su granito de arena con "El espinazo del Diablo" (Guillermo del Toro, 2001), la cual le abrió la puerta a otros films como: "El orfanato" (Juan Antonio Bayona, 2007), "REC" (Paco Plaza, Jaume Balagueró) y "Mamá" (Andrés Muschietti, 2013).

Ningún film de terror, salvo "Los otros", fue un éxito de taquilla ese año. El interés por el género era tan poco que en Halloween (fecha en la cual se suelen estrenar estas películas) se estrenaron solo dos: "Bones" (Ernest R. Dickerson, 2001) un film bastante malo protagonizado por Snoopy Dog y "Valentine" (Jamie Blanks, 2001). El público de ese año había apostado por el cine de aventuras, fantasía e infantil. Los films que rompieron la taquilla ese año fueron: "El señor de los anillos" (Peter Jackson, 2001), "Harry Potter y la piedra filosofal" (Chris

Columbus, 2001) y "Shrek" (Vicky Jenson, Andrew Adamson, 2001).

En este marco un personaje como Jason Voorghees no tenía mucho que hacer. De todos modos, la New Line le dio luz verde al proyecto con la intención de mantener activo al personaje mientras se preparaba la producción de la tan esperada "Freddy vs Jason", la cual llegaría dos años más tarde.

El responsable de que Jason terminara en el espacio fue Jim Isaac, su director, quien buscando ideas para pitchearle a Sean S. Cunningham pensó que fusionar la franquicia con la de "Alien" y "Terminator" podía llegar a ser atractiva.

Sabía que la productora no quería repetir el escenario del campamento de verano. Pensó en enviarlo a la nieve, lo cual hubiera sido mucho más lógico, incluso en algún momento estuvo la posibilidad de que la trama transcurriera bajo el agua, pero el espacio le daba la oportunidad de mostrar cosas que nunca se habían visto en la saga.

Isaac era un viejo conocido de Cunningham. Supervisó los efectos especiales de "House 2" (Ethan Wiley, 1987) y se encargó de los efectos en "Deepstar Six" (Sean S. Cunningham 1989), proyecto en el cual lograron congeniar, tanto, que el mismo año terminó dirigiendo su primera película: "The Horror Show" (James Isaac, David Blyth, 1989), cinta que en muchos países se estrenó como "House 3" (franquicia de la cual Cunningham también era dueño) cuando su director original abandonara su rol a pocas semanas de comenzado el rodaje.

Como el film no fue un éxito de taquilla volvió al rubro de los efectos especiales, en el cual venía trabajando exitosamente desde 1983 cuando fue convocado por George Lucas para trabajar en "El regreso del Jedi" (Richard MaMarquad, 1983). La cual le abrió las puertas para seguir mostrando su talento en films como: "Gremlins" (Joe Dante, 1984), "Enemigo mío" (Wolfgang Petersen, 1985) y "La mosca" (David Cronenberg, 1986). Gracias a "La mosca" se establece en Canadá donde se hace amigo del director para el cual volvería a trabajar en "Almuerzo Desnudo" ("Naked Lunch", David Cronenberg, 1991) y "eXistenz" (David Cronenberg, 1999). Es gracias a la insistencia de Cronenberg que Issac decide volver a intentar dirigir. Tanto es su apoyo que le prometió actuar en cualquier proyecto que dirigiera. Ese proyecto terminó siendo "Jason X" y es por eso que encarna al villano en el film, rol que había representado muy bien en "Nightbreed" (Clive Baker, 1990).

Cuando Issac se presentó ante Cunningham con el abal de David Cronenberg y la promesa de traer todo un equipo de profesionales, muchos de ellos ganadores de Oscars por su labor dentro del rubro de los efectos especiales, los cuales cobrarían salarios bajísimos tan solo para apoyar a su amigo, no lo dudó mucho. La idea de un Jason en el espacio le pareció atractiva y no alteraría en nada el desarrollo del proyecto que ocupaba toda su atención: "Freddy vs Jason", ya que como la historia de "Jason X" transcurría cientos de años en el futuro pasara lo que pasara no perjudicaba en nada a cualquier argumento que se eligiera para el crossover más esperado de la historia del cine de terror.

Aprobado el escenario era hora de encontrar quien escribiera el guion. El encargado fue Todd Farmer, amigo de Noel Cunningham (hijo de Sean), quien nunca había escrito nada, pero que luego de este encargo continuaría dedicándose el género escribiendo los guiones de: "The Messenger" (The Pang Brothers, 2007) producida por Sam Raimi y protagonizada por Kristen Steward y "My Bloody Valentine 3D" (Patrick Lussier, 2009) remake del clásico canadiense de terror de 1981.

La primera buena noticia era que como la New Line Cinema estaba más ocupada en grandes apuestas como "El señor de los anillos" (Peter Jackson, 2001) nadie les prestaba mucha atención dándole la libertad de hacer lo que quisieran. La segunda era que Kane Hodder encarnaría nuevamente a Jason: "cuando leí por primera vez el guion me encantó la dirección que habían tomado. Ya no había mucho que hacer con el viejo Jason y la aparición del Uber-Jason le daba un aire fresco" comentaba Hodder en una entrevista, y la tercera fue el regreso de Harry Mandfredini después de varios años de ausencia.

"Jason X" se filmó en la base militar de Downsview en Toronto. La locación ofrecía muchas comodidades. Sobre todo, disponía de mucho espacio, lo cual facilitaba el trabajo al equipo técnico ya que esta entrega iba a tener un gran despliegue de efectos especiales. Esta sería la secuela más costosa, costó once millones de dólares y la intención, gracias al equipo técnico especializado, era que pareciera un film de cincuenta millones.

Algo que diferencia a "Jason X", aparte del entorno espacial, es la aparición de David Cronenberg. A Isaac le intimidaba bastante tener que dirigirlo. El primer día de rodaje se acercó al director y le dijo. "discúlpame, pero mi diálogo no me gusta mucho. ¿Te molestaría mucho si lo reescribiera?" obviamente accedió y durante los tres días que Cronenberg tuvo de rodaje, no solo reescribió sus escenas, sino que le dio varias indicaciones en el rubro dirección. Incluso pidió que su muerte sea extremadamente violenta "hice todo lo posible para cumplir su deseo" confiesa Isaac en una entrevista.

Quien estuvo a punto de ser parte de esta entrega y lamentablemente las negociaciones no llegaron a buen puerto fue Betsy Palmer, quien interpretara a Pamela Voorhees (la madre de Jason) en la primera entrega.

En el guion original había una escena en la cual Jason se reencontraba con su madre gracias a la realidad virtual. "Escribí una escena donde eso pasaba, pero Sean me dijo que las negociaciones se habían estancado y que sería mejor que la reemplazara" comenta Farmer. Betsy Palmer lo cuenta de esta manera: "Estaba actuando en una obra en Toronto justo para la época en la que estaban filmando "Jason X". Sean se acercó y me dijo que le encantaría que estuviera en el film, pero que disponían de poco dinero. Yo le contesté que por el dinero no se preocupara, que me conformaba con un mínimo porcentaje de las ganancias del film en retribución a que no había visto ni un centavo de las ganancias que había dejado la primera entrega. Obviamente me dijo que no y eso fue todo".

El rodaje terminó en el año 2000, pero pasarían dos años más hasta que el film llegara las pantallas de Estados Unidos. En el año 2001 muchos ejecutivos, incluso De Luca (padrino del film dentro de la nueva casa de Jason) abandonaron el estudio. Esto hizo que cuando la película estuvo lista no tuvieran a quien entregársela. "Jason X" terminó estrenándose en países como España un año antes que en Estados Unidos. Su director culpa a este desentendimiento el pobre desempeño en taquilla del film.

La verdad es que ningún fan esperaba ver a Jason en el espacio y como resultado terminó convirtiéndose en la secuela menos redituable de la franquicia. El único que no se quejó fue Sean S. Cunningham puesto que había logrado su cometido, que el personaje volviera a estar vigente a la espera del estreno de "Freddy vs Jason". El verdadero negocio para él sería el crossover, así que el hecho de que el film tuviera tan solo cinco millones de ganancia no era algo importante, al menos no había perdido dinero.

"Jason X" terminó ocupando el puesto 139 en taquilla el año de su estreno logrando el triste honor de convertirse en el film de terror menos taquillero del año. El público de 2001 estaba más interesado en el terror sobrenatural de "Los otros" (Alejandro Amenabar, 2001) y en los asesinos seriales más refinados que ofrecían films como "Hannibal" (Ridley Scott, 2001) o "From Hell" (The Hughes Brothers, 2001), más que una versión en clave de ciencia ficción de "Viernes 13". Incluso muchos fans lo tomaron como una falta de respeto. A pesar de eso había una luz al final del camino. En el momento en que Jason parecía que había mordido el polvo, un amigo se acercó a darle una mano, una mano llena de cuchillas.

# OTROS SLASHERS DE 2001

"Valentine" (Jamie Blanks, 2001)

"Bones" (Ernest R. Dickerson, 2001)

# CAPITULO XIV

## FREDDY VS JASON (2003)

*En la década del 30 la Universal dio a luz a los primeros grandes monstruos del cine de terror, los cuales inundarían las pantallas de todo el mundo. En esa primera ola: "Drácula" (Tod Browning, 1931), "Frankenstein" (James Whale, 1931), "La momia" (Karl Freund, 1932) y "El hombre invisible" (James Whale, 1933) fueron las más exitosas.*

Es aquí donde comienza un proceso que sigue hasta el día de hoy. El de explotación del éxito comercial hasta niveles insospechados. Estos monstruos, en su mayoría, provenían de adaptaciones literarias, las cuales no tenían segundas partes, es por esto que comenzaron a escribir guiones originales basados en esos clásicos literarios dando nacimiento a las secuelas. Muchas de ellas superaban a las originales como en el caso de "La novia de Frankenstein" (James Whale, 1935).

En 1941, justo cuando esos monstruos comenzaban a dar las primeras señales de agotamiento, nace el primer gran monstruo que no venía de la literatura sino del folclore popular: "El hombre lobo" (George Waggner, 1941) y tal fue el éxito que Hollywood creó una nueva forma de explotación: el crossover y en 1943 se estrena la que se considera la primera película que utiliza esta modalidad: "Frankenstein contra el Hombre Lobo" (Roy William Neill, 1943). A esta le siguieron "House of Frankenstein" (Erle C. Kenton, 1944) y "House of Dracula" (Erle C. Kenton, 1945).

Como es sabido la historia primero ocurre como drama y luego se repite como comedia. Es por eso que para finales de la década del 40 la modalidad, finalmente agotada, se cruza con el humor dando a luz a "Abbot y Costello meet Frankenstein" (Charles Barton, 1948) film que da a luz al subgénero de la parodia que años más tarde cultivaran grandes como Mel Brooks ("El joven Frankenstein", "Drácula, muerto pero feliz") y los hermanos Zucker junto a Jim Abraham ("¿Y... donde está el piloto?" y "La pistola desnuda"). El público ya no solo no se asustaba más de aquellos monstruos, sino que prefería reírse de ellos. Es por eso que durante los 50s el dúo cómico estreno secuelas de su exitoso crossover: "Abbot y Costello meet The Invisible Man" (Charles Lamont, 1951) y "Abbot y Costello meet The Mummy" (Charles Lamont, 1955).

En la década siguiente la modalidad cruza el océano y en Japón comienzan a aparecer crossovers de sus monstruos más populares: "King Kong vs Godzilla" (Ishiró Honda, 1962) la cual utiliza al mono más famoso de occidente para generar una batalla, no solo de monstruos, sino de tipo de culturas. A esta le siguieron películas como: "Godzilla vs. Hedorah" (Yoshimitsu Banno, 1971), "Godzilla vs. Gigan" (Jun Fukuda, 1972), "Godzilla vs. Megalon" (Jun Fukuda, 1973) y "Godzilla vs. Mechagodzilla" (Jun Fukuda, 1974), por nombrar algunas protagonizadas por el famoso monstruo nipón.

Durante los 80s la modalidad cae en desuso reapareciendo brevemente al final de la década con el gran éxito producido por Steven Spielberg "¿Quién engañó a Roger Rabbit?" (Robert Zemeckis, 1988) en la cual el cruce se da entre dos compañías: Warner Brothers y Disney, dejándonos un momento icónico en el cual el Pato Donald se bate a duelo con el Pato Lucas (Duffy Duck).

Para esta época los dueños de la Paramount y la New Line Cinema comenzaban las tratativas para juntar a sus dos emblemáticos monstruos, los cuales, al igual que había pasado a finales de los 30s con Drácula, Frankenstein y El hombre Lobo, ya habían demostrado ampliamente señales de agotamiento.

El fracaso de "Jason goes to hell, the final friday" (Adam Marcus, 1993) y el pobre recibimiento por el público, aunque alabada por la crítica, de "La nueva Pesadilla de Wes Craven" (Wes Craven, 1994) puso en espera el proyecto durante casi diez años. El problema principal, según Sean Cunningham, era que no se daba con el guion adecuado. Si era difícil conseguir un argumento para las entregas individuales de estos personajes, mucho más conseguir uno para los dos juntos. A diferencia de lo que muchos pensaban el punto de conflicto no era la batalla (si ganaba uno u el otro), ni siquiera como se desarrollaría. La lucha abarcaría unos cinco minutos en pantalla, el inconveniente era que sucedería los ochenta y cinco minutos restantes.

Si la batalla hubiera sido entre Jason y Michael Myers hubiese sido todo mucho más fácil, porque los dos habitan el mismo mundo, pero como Freddy tenía su campo de batalla en el mundo de los sueños se hacía muy complicado unirlos.

Como si todo esto fuera poco en los 90s Wes Craven había cambiado el panorama del cine de terror con "Scream" (Wes Craven, 1996) y todos los guiones que les llegaban utilizaban ese recurso del cine que es autoconsciente el cual no tenía nada que ver con ninguna de las dos sagas.

Otro de los obstáculos radicaba en que Sean S. Cunningham no es un fan de la serie de la cual posee los derechos y muchos de los guiones que se le acercaban trataban de incluir personajes de las películas anteriores, cosa que hubiera hecho feliz a muchos fans, pero al ni siquiera haber visto las películas esas propuestas se desechaban inmediatamente.

A comienzos de los 90s Rob Bottin, experto en efectos especiales, ganador del Oscar en este rubro por "Total Recall" ("El vengador del futuro" en Argentina) y encargado de crear efectos en clásicos como: "Aullidos" (Joe Dante, 1981), "The Thing" (John Carpenter, 1982) y "RoboCop" (Paul Verhoeven, 1987) estuvo a punto de encargarse de la dirección de "Freedy vs. Jason", la cual sería su esperada opera prima. El inconveniente que hizo que esto no pudiera concretarse fue justamente que su idea era traer a todos los personajes más emblemáticos de la saga: Alice (la final girl de la primera entrega), Pamela Voorghees (la madre de Jason) y a Tommy Jarvis (el niño que logra matarlo por primera vez en la cuarta entrega) el cual volvería a ser interpretado por Corey Feldman. Esto que para cualquier fan hubiera significado una de las mejores entregas de la saga terminó en el cesto de la basura debido al odio que Cunningham le tiene al resto de la franquicia. Según él, "Freddy vs Jason" tenía que ser un film el cual pudiera ver cualquier persona que no tuviera ningún conocimiento sobre la saga (al igual que él).

"Al parecer todos los guionistas en Hollywood tenían su versión de la película" comenta Robert Englund "en un viaje en avión dos de los guionistas de la serie "King of the hill" se me acercaron a comentarme una idea que tenían para el proyecto en la cual un imitador de Freddy acosaba al novio de una chica, el cual se llamaba Jason, hasta terminar matándolo abriéndole el pecho. Esto hacía que Jason reviviera".

Muchas ideas fueron y vinieron durante esos años. Una de ellas transcurría en la edad media donde Freddy y Jason eran agentes de Satanás. En otra Freddy era amante de la madre de Jason e intentaba matarlo de chiquito. Incluso una de las versiones incluía varios finales, como en "Clue, los siete sospechosos" (Johnathan Lynn, 1985), donde podíamos ver versiones en las que a veces ganaba uno y otras otro.

Nadie parecía dar en el blanco hasta que aparecieron Damian Shannon y Mark Swift con el concepto que terminamos viendo en la pantalla y debido al éxito de esta entrega el dúo seguiría ligado al mundo "Friday the 13th" en los años venideros encargándose de escribir el guion del remake de 2009.

Con el guion definido ahora era cuestión de conseguir al director indicado.

Para entender la razón de la incorporación de Ronny Yu, como director, al proyecto hay que comprender como había cambiado la estética del cine Hollywoodense a lo largo de los noventas. Por más loco que parezca el responsable de ese cambio había sido Jean Claude Van Damme quien, con la intención de revitalizar su carrera, había contratado a John Wood ("The Killer", "Contracara") para que dirigiera "Hard target" (John Woo, 1993) incorporando al cine norteamericano un estilo de dirección del cine de Hong Kong. Lo que para oriente era moneda corriente para occidente fue una novedad y a partir de ese momento las coreografías de las escenas de acción incorporaron las artes marciales. Viendo que su estrategia había funcionado la repitió en films como: "Maximun Risk" (Ringo Lam, 1996), "Double Team" (Tsui Hank) y "Knock off" (Tsui Hank), entre otras. Gracias a esto desembarcan infinidad de directores orientales en Estados Unidos acompañados de sus coreógrafos, dobles e incluso alguno de sus actores más famosos como es el caso de Chow Yun-Fat ("El tigre y el Dragón"), actor fetiche de John Woo, quien tuvo la oportunidad de protagonizar varios films, como: "The replacemente killers" (Antoine Fuqua, 1998), "Anna y el Rey" (Andy Tennant, 1999) en la cual compartió cartel con Jodie Foster y "Bulletproof Monk" (Paul Hunter, 2003) producida por su amigo John Woo y coprotagonizada por Sean William "American Pie" Scott. El punto máximo se esta tendencia, y responsable de legitimarla, se dio con el estreno de "Matrix" (Lana y Lilu Wachowski, 1999), a partir de ese momento se sepultó para siempre la vieja modalidad de peleas más ligada al boxeo siendo reemplazada, hasta la actualidad, por las artes marciales.

La acción no fue el único género que absorbió estilos orientales. Los productores de Hollywood al ver el buen resultado que tenían las películas de acción filmadas con la estética de Hong Kong probaron con el cine de terror, el cual, formalmente, era muy diferente al norteamericano. Es en este momento en que comienzan a hacerse remakes norteamericanos de éxitos del cine de terror nipón. La primera fue "La llamada" (Gore Verbinski, 2002) remake de "Ringu" (Hideo Nakata, 1998), el éxito fue instantáteo y le abrió la puerta a otros remakes: "El grito" (Takashi Shimzu, 2002), "Agua turbia" (Walter Salles, 2005), "Una llamada perdida" (Éric Valette, 2008) y "El ojo" (David Moreau, 2008) por nombrar algunas.

En ese contexto los productores de "Freddy vs Jason" decidieron contratar a Ronny Yu. La idea principal era modernizar las dos franquicias subiéndose a la tendencia que estaba en boga.

Yu había dirigido, el ahora film de culto, "La novia del cabello blanco" (Ronny Yu, 1993) y venía de renovar la saga de Chucky con "La novia de Chucky" (Ronny Yu, 1998). Se esperaba que si había podido revitalizar al muñeco maldito con mucha más razón iba a poder concretar el desembarco de Jason y de Freddy en el siglo XXI.

Lo primero que les dijo el director chino a los productores es que jamás había visto una película de Jason ni de Freddy, lo cual no fue ningún problema porque no querían que copiara la formula, sino que hiciera lo que sabía hacer.

En este momento ocurre algo que enfurecería a muchos fans de la saga "Friday the 13th", los productores, en busca de modernizar al personaje, desvincularon a Kane Hodder, quien había encarnado a Jason en las últimas cuatro entregas. En su lugar se contrató a Ken Kirzinger, un doble de riesgo canadiense que ya había aparecido en la octava entrega. Kirzinger con un metro noventa y siete es el actor más alto en interpretar al personaje hasta la fecha. Esa fue la razón principal para contratarlo, su contextura era mucho más atemorizante que la de Hodder y a pesar de ser un doble de riesgo Yu no lo obligó a hacer las escenas más peligrosas siendo estas interpretadas por el doble Glenn Ennis.

El que si regresa por razones obvias es Robert Englund, sin él no hay Freddy. Su única queja fue que se sentía grande para interpretar al personaje. Cuando encarnó por primera vez al asesino de las cuchillas tenía treinta y siete años, en esta oportunidad debía hacerlo con cincuenta y seis y a pesar de tener el rostro cubierto de látex su cuerpo ya no resistía las exigencias de su rol de la misma manera que lo había hecho durante los 80s.

La otra gran ausencia fue la de Harry Manfredini, el cual fue reemplazado por Graeme Revell a pedido del director con quien había trabajado en "La novia de Chucky". Revell, a pesar de ser joven, ya era casi un veterano en la industria. Había debutado a finales de los 80s en "Dead Calm" (Phillip Noyce, 1989) y había trabajando en películas icónicas como: "El cuervo" (Alex Proyas, 1994) y "Spawn" (Mark A. Z. Dippé, 1997). Su tarea no fue nada sencilla, debía sintetizar las estéticas sonoras de dos franquicias, las cuales tenían bandas sonoras muy distinguibles. El resultado final no contentó a los fans, los cuales sintieron su incorporación una traición tan grande como la de haber dejado a Kane Hodder fuera del proyecto. No solo eso, a la otra que, pudiendo haber contratado, ya que el presupuesto de "Freddy vs Jason" fue el más grande hasta ese momento, no se contrató fue a Betsy Palmer para que pudiera interpretar nuevamente a Pamela Voorhess. Según Cunningham la actriz no pudo sumarse al proyecto dado que para cuando se rodó la película se encontraba enferma, excusa que nunca terminó de convencer a los fans.

El gran problema a resolver era: ¿Quién ganaría? Todos sabían que no podía haber un claro vencedor. Lo acordado fue que cuando los personajes se encontraran en el mundo real Jason dominaría la situación y cuando la trama pasara al plano de los sueños Freddy tomaría la ventaja. Se consideraron varios finales, pero cuando vieron que las reacciones del público de prueba se inclinaban por Jason se dieron cuenta que la naturaleza de los personajes haría que el público empatizara más con el asesino de la máscara. Jason es, en realidad, un niño, en cuerpo de adulto, con problemas mentales y Freddy un asesino de niños (pedófilo en algunas versiones). Es por eso que en la escena final vemos una pequeña supremacía de Jason por sobre Freddy, dejando la puerta abierta a una secuela que, lamentablemente, nunca se llegó a concretar.

"Freddy vs Jason" se estrenó el 15 de agosto de 2003 logrando buenas críticas y recibimiento del público. Con un presupuesto de 30 millones cosechó una no despreciable taquilla de 116 millones superando a películas como: "Kill Bill, vol 1" (Quentin Tarantino, 2003), "Río Místico" (Clint Eastwood, 2003) "Pandillas de Nueva York" (Martin Scorsese, 2003) y "El pianista" (Roman Polanski, 2003) por nombrar algunas.

A pesar del éxito de "Freddy vs Jason" los caminos de estos dos titanes del cine de terror se bifurcarían para retornar, años más tarde, a la pantalla grande en forma de reboots.

# OTROS SLASHERS DE 2003

"The Texas Chainsaw Massacre" (Marcus Nispel, 2003)

"Wrong turn" (Ron Schmidt, 2003)

# CAPITULO XV

## VIERNES 13 (2009)

*A simple vista "Freddy vs. Jason" había sido un gran éxito, pero lo que nadie había tenido en cuenta es que se trataba de un éxito que debía dividirse entre muchas personas. Es por eso que en vez de embarcarse en una "Freddy vs. Jason 2" New Line decidió que sería más redituable producir nuevas películas individuales que apostar por una secuela habiendo cumplido el objetivo de actualizar ambas franquicias.*

Así fue que 2009 nos sorprendería con "Friday the 13th" (Marcus Nispel, 2009) y solo un año después Freddy haría lo propio en "A nightmare on Elm Street" (Samuel Bayer, 2010).

El panorama de Hollywood al comienzo del siglo XXI era muy diferente al de finales del siglo XX. En los 90s muchas productoras comenzaron a ser compradas por diferentes compañías y de golpe estas empresas poseían los derechos de un amplio catálogo de películas, discos, libros y diferentes productos. A medida que estas megacorporaciones iban comprando productoras las cabezas de los estudios, como las conocíamos, se fueron reemplazando por largas mesas de ejecutivos más interesados en volver redituables sus inversiones que en hacer obras de arte.

Los remakes eran, en muchos casos, vehículos para que grandes artistas pudieran dar su visión sobre alguna historia famosa y en otros un mero artilugio para ganar dinero fácil con un film que las nuevas generaciones no volverían a ver en sus versiones originales. Ejemplo de lo primero son obras maestras como: "The Thing" (John Carpenter, 1982), "Scarface" (Brian De Palma, 1983), "La mosca" (David Cronenberg, 1986), "La tiendita del Horror" (Frank Oz, 1986), "Cabo de miedo" (Martin

Scorsese, 1991), "Heat" (Michael Mann, 1995) y la polémica "Psicosis" (Gus Van Sant, 1998), amada por algunos y odiada por otros.

En muchas oportunidades Hollywood utilizó este recurso para poder beneficiarse del éxito que habían tenido películas extranjeras.

Como el público norteamericano no está acostumbrado a leer subtítulos el remake era la manera de capitalizar esos éxitos, no solo en Estados Unidos, sino que muchas veces en el resto del mundo. La mayoría de las veces se trataban de films franceses. Es así que los norteamericanos se enteraron de la existencia de películas como: "Alto, rubio y con un zapato negro" (Yves Robert, 1972) con Pierre Richard, reemplazado en 1985 por Tom Hanks, "El juguete" (Francis Veber, 1976) otra vez con Pierre Richard que esta vez tuvo su versión afroamericana en la piel de Richard Pryor en 1982, "La jaula de las locas" (Édward Molinaro, 1978), reversionada en 1996 por Mike Nichols con Robin Willliams haciendo el papel de Ugo Tognazi y "Tres hombres y un bebe" (Coline Serrau, 1985) nominada al

Oscar a la mejor película extranjera, la cual tuvo que esperar a que Leonard Nimoy hiciera su versión en 1987 con Tom Selleck, Ted Danson y Steve Guttenberg para que se volviera un éxito de taquilla a nivel internacional, por nombrar solo algunas.

El siglo XXI dio nacimiento a una nueva modalidad: el reboot.

Tal cual su traducción al castellano un reboot es un reinicio el cual tiene algunas características particulares. En el caso de las ficciones se utiliza para reiniciar sagas (para las películas que no tienen secuelas se utiliza el remake), pero esta nueva versión conserva solo algunos aspectos del original. Se conservan los aspectos que los productores consideran más importes o funcionales para la nueva dirección que vaya a tomar la saga. La idea es desechar todo lo que haya quedado desactualizado y reiniciar la franquicia con ideas más cercanas a los tiempos que corren. En muchos casos el origen es anulado y reemplazado por uno nuevo.

Este concepto nace en el comic. A ningún lector de comics le parece raro encontrarse con nuevos orígenes o que sus personajes preferidos de la noche a la mañana pasen de ser héroes a villanos y viceversa.

En los 80s esta modalidad pasa del comic al cine y a los videojuegos. Para muchos "Godzilla" (Koji Hashimoto, 1984) es el primer reboot de la historia del cine, el cual reinicia la franquicia iniciada por treinta años antes en "Godzilla" (Ishiró Honda, 1954), la cual había terminado con "Terror de Mechagodzilla" (Ihsiró Honda, 1975).

Tras el éxito en 2003 del reboot de "La masacre de Texas" y su secuela en 2006, ambas propiedades de New Line Cinema, la productora se propuso hacer lo mismo con "Friday the 13th". Para esto volvieron a convocar a Michael Bay (encargado de reiniciar la saga de Letherface) para actualizar al envejecido Jason. Bay tras aceptar el desafío debió pasarse un año y medio negociando con los dueños de los diferentes derechos de la franquicia. Recordemos que Paramount había vendido la franquicia (lo cual permitía a New Line Cinema hacer nuevas entregas), pero todavía era dueño de las películas originales. A cambio de esto se le entregó la facultad de explotar la nueva entrega fuera de los Estados Unidos. Sean S. Cunningham permitió utilizar el nombre a cambio de entrar al proyecto en carácter de productor.

Entre las cosas que se conservaron de la saga original fueron algunas muertes y que la motivación de Jason sea vengar la muerte de su madre. En un momento se pensó incluir al personaje de Tommy Jarvis (protagonista de las entregas 4, 5 y 6), pero esta idea lamentablemente fue descartada.

Una de las cosas más importantes era darle algo de coherencia al personaje de Jason, el cual tardó tres películas en configurarse: en la primera lo vemos como un niño en una alucinación, en la segunda con una bolsa en la cabeza y recién a partir de la tercera logramos verlo en su encarnación definitiva.

En esta entrega lo vemos en todos estos estadios y se cuenta un nuevo origen a la hora de mostrar como Jason se encuentra con su icónica máscara. Recordemos que en "Friday the 13, part 3" (Steve Miner, 1982) nunca vemos el momento en el cual se pone la máscara por primera vez. Inferimos que se la quitó al bromista, pero todo eso pasa fuera de cuadro. En esta oportunidad somos testigos de este histórico momento.

Los guionistas encargados de traer a Jason al siglo XXI fueron Damian Shannon y Mark Swift, los mismos que habían tenido la oportunidad de modernizar al personaje en la exitosa "Freddy vs Jason". Se les dijo que no debían reinventar la rueda, tan solo darle forma a algo que estaba contado de manera muy caótica. Ese caos se había originado porque los productores de las entregas anteriores habían accedido al pedido de cada director de hacer lo que quisieran con la franquicia llegando al absurdo de enviarlo al espacio.

Las decisiones más importantes no se centraban tanto en la trama sino en el personaje de Jason. En esta oportunidad, a diferencia de las entregas anteriores, Jason es inteligente, lo suficiente como para armar todo un sistema de cuevas interconectadas a lo largo de todo el campamento, lo cual también explica cómo puede estar rápidamente en otro lugar sin ser visto. Es una persona que puede hacer planes y, como pasó toda su vida en el bosque, es cazador, cosa que explica su territorialidad y su facilidad para ponerle trampas a sus víctimas. Otro cambio importante es que ahora Jason corre en vez de caminar ligero y se deja de lado al Jason sobrenatural que aparece a partir de la sexta entrega. En esta película Jason es una persona común, ya no es un zombi imbatible.

A diferencia de "La masacre de Texas" (Marcus Nispel, 2003) y "Terror en Amityville" (Andrew Douglas, 2005) "Friday the 13th" no es una película de época, transcurre en la actualidad. De hecho, en la secuencia de títulos vemos la muerte de Pamela Voorhees, la madre de Jason, en 1980 (año del estreno de la primera entrega) y luego la acción se traslada 29 años más tarde donde vemos a Jason asesinar a una tanda de jóvenes. En esta secuencia se repite la escena en la que un personaje cuenta la historia de lo ocurrido en el campamento alrededor de una fogata de la misma manera que había sido contada en "Friday the 13th, part 2" (Steve Miner, 1981) y minutos más tarde vemos la casa de Jason donde conserva la cabeza de su madre muerta, también sacada de la segunda entrega de la saga.

Otra cosa que se tomó de films anteriores es el hecho de que el protagonista de esta entrega llega a Crystal Lake con la intención encontrar a su hermana desaparecida (la cual vimos morir minutos antes). Esto fue tomado de "Friday the 13th, part 4" (Joseph Zito, 1984) en la cual Rob Dier aparece buscando a su hermana muerta en "Friday the 13th, part 2" (Steve Miner, 1981).


A diferencia de otras franquicias en esta oportunidad no se recurrió a históricos de la saga. Betsy Palmer, la actriz que había interpretado a Pamela Voorhees en la primera y segunda entrega, se encontraba cerca de la locación en el momento en que se rodaba la escena en la que su personaje aparecía, pero no fue convocada para volver a interpretarlo. Según Cunningham no era necesario ya que la idea era comenzar todo de nuevo, lo cual enojó a la actriz que estaba dispuesta a volver a encarnar a su personaje.

Otro que no regresó fue Kane Hodder, el cual fue reemplazado por Derek Mears, quien junto a Ken Kirzinger (Freddy vs Jason) son los dos actores más altos en interpretar a Jason (ambos miden 1.96). Mears fue propuesto por los productores ya que había trabajado con ellos en las dos entregas de "The hills have eyes". A diferencia de los demás actores que interpretaron al personaje Mears se lo tomó realmente en serio y comenzó a hacer investigaciones acerca de como actúan los niños que ven asesinar a sus padres: "descubrí que como a esa edad un niño está comenzando a integrarse a la sociedad, al quedar solo, hace que se retraiga más, porque en el momento en el que comienza a hacer nuevos grupos y descubrir que no está solo hace un retroceso y se siente más solo. En el caso de Jason además se siente rechazado por su discapacidad y comienza a refugiarse, imaginariamente, en el único ser que lo amó: su madre" comentó el actor en una entrevista.

Mears se sentía muy identificado con el personaje, no en su carácter de asesino, sino que como el actor sufre desde chico una enfermedad autoinmune que le produce alopecia sabía exactamente lo que siente un niño que es discriminado por ser diferente. "esto me ayudó para interpretarlo como una víctima y no como un victimario". Su dedicación tuvo resultados siendo nominado a los MTV Movie Awards por su papel, lamentablemente ese año el premio cayó, merecidamente, en manos de Heath Ledger por su interpretación del Joker en "El caballero de la noche" (Christopher Nolan, 2008).

En un principio se contrató a Jonathan Liebesman, quien había trabajado para Michael Bay dirigiendo "La masacre de Texas, el comienzo", para dirigir este reboot, pero demoras en la producción hicieron que tuviera que dejar la silla del director cediéndosela a Marcus Nispel quien, en un principio, no estaba muy seguro de aceptar el encargo pensando que encargarse de otro reboot (recordemos que había dirigido "La masacre de Texas" en 2003). Ante la insistencia de los productores, quienes esperaban obtener los mismos resultados, aceptó.

Nispel fue el primer director profesional que tuvo la saga, en general este rol había sido ocupado por directores sin experiencia provenientes del cine clase B. Nispel había dirigido infinidad de video clips desde 1989 hasta que en 2003 hace su traspaso a Hollywood con "La masacre de Texas". Por sus manos habían pasado infinidad de estrellas y bandas de la década del 90 como: Mariah Carey, Faith no more, George Michael, Luis Miguel, Billy Joel, Elton John, Janet Jackson, Cher, Fugees, No Doubt, Spice Girls, Puff Daddy, Simply Red, Bryan Adams, The B-52´s por nombrar algunos y leyendas como Aretha Franklin y Tony Bennett.

El rodaje, a diferencia de la mayoría de las entregas anteriores, tuvo lugar en Texas, tratando de lograr un clima parecido al que habían logrado en la saga de Leatherface. Las primeras tomas comenzaron a filmarse el 15 de agosto de 2008 y se extendió hasta el 1 de noviembre de 2008. Nispel logró darle una estética diferente al film, alejándose de la rusticidad de las primeras películas.

"Friday the 13ths" se estrenó el 13 de febrero de 2009 en 3.105 cines en Estados Unidos e inmediatamente se convirtió en un éxito de taquilla recaudando más de 40 millones en su primer fin de semana. Habiendo costado 20 millones de dólares terminó recaudando más de 90 alrededor del mundo.

Se ubicó en el puesto número 67 entre las películas más taquilleras del año superando a otros films de terror como: "Arrástrame al infierno" (Sam Raimi, 2009), "La huérfana" (Jaume Collet-Sierra, 2009), "El juego del miedo VI" (Kevin Greutert, 2009), "La última casa a la izquierda" (Dennis Lliadis, 2009) remake del clásico de Wes Craven de 1972 y "Halloween II" (Rob Zombie, 2009).

No había duda de que esto era solo el comienzo. Tras el éxito en taquilla a Jason se le abría un futuro lleno de oportunidades, pero esas oportunidades se verían frustradas por algo impensado: un juicio.

# OTROS SLASHERS DE 2009

"Wrong turn 3" (Declan O´Brien, 2009)

"The stephfather" (Nelson McCormik, 2009)

"Sorority Row" (Stewart Hendler, 2009)

"Saw VI" (Kevin Greutert, 2009)

"My Bloody Valentine" (Patrick Lussier, 2009)

"Halloween II" (Rob Zombie, 2009)

"The Collector" (Marcus Dunstan, 2009)

"Tormented" (Jom Wright, 2009)

"Vacancy 2" (Eric Bross, 2009)

# CAPITULO XVI

## CRYSTAL LAKE (2026)

*Hasta el estreno de "Viernes 13" (Marcus Nispel, 2009) Sean S. Cunningham venía usufructuando legalmente todo lo referido a la franquicia a través de su empresa "Horror Inc." gracias a que además de dirigir la primer entrega se había encargado de producirla.*

Para la industria del cine el dueño de una película es el que la produce, es por esta razón que cuando se entrega el premio Oscar a la mejor película el que recibe el premio es el director en vez del director o el guionista.

Lo que no contemplaba Cunningham es que en la ley hay un pequeño párrafo que dice que luego de treinta y cinco años el guionista puede reclamar los derechos de su obra.

275

Esto es exactamente lo que pasó. Victor Miller, guionista de la primera entrega esperó pacíficamente a que ese plazo se cumpliera y accionó legalmente para recuperar los derechos sobre su obra. Fue en ese momento en que la maquinaria de "Friday the 13th" se detuvo y comenzó una larga batala legal entre los dos padres de Jason.

Cunningham alegaba que Miller fue contratado para escribir el guion, es decir que era un trabajo por encargo y por lo tanto él era el dueño de ese producto y Miller era tan solo un empleado más.

La justicia norteamericana fayó a favor de Victor Miller y los derechos pasaron a las manos del guionista, pero Cunningham no se iba a quedar con los brazos cruzados. Él había sido el que se había encargado de mantener vivo al personaje durante todos esos años mientras que Miller no había vuelto a participar en ninguna de las secuelas.

Sus abogados apelaron la desición y el juicio pasó a la corte suprema estirando más la batalla legal.

Lo que nadie pudo preveer es que para que el juicio

tuviera un resultado el voto debía ser mayoritario.

Los jueces eran tres y desafortunadamente uno de ellos falleció. Al quedar dos no podía lograrse un voto de mayoría, por lo cual el juicio se estiró aún más a la espera de que la corte recuperara su conformación natural.

Impaciente por seguir facturando Cunningham dio luz verde al proyecto de transformar a "Friday the 13th" en un video juego sin tener los derechos del personaje.

El juego fue un éxito que duró poco tiempo. Al enterarse de esta jugada Miller litigó en contra de la empresa que había creado el juego logrando que los servidores tuvieran que apagarse.

Finalmente, el juicio llegó a su fin en 2022. La conclusión salomónica de la corte suprema fue que Victor Miller era dueño de los derechos de la primera entrega, esto quiere decir que era dueño del campamento "Crystal Lake", de Pamela Voorghees y de Jason en su versión niño deforme. Por otro lado, Sean S. Cunningham era dueño del nombre "Friday the 13th", de Jason adulto con bolsa en la cabeza y con máscara y de todos los elementos aparecidos en las secuelas incluidos el Uber Jason y los de "Freddy vs Jason".

La resolución era tan equitativa que dejaba a los dos siendo dueños de una franquicia partida, al menos dentro de los Estados Unidos, ya que ese era el alcance que tenía el fayo. Fuera de Estados Unidos Cunningham seguía teniendo los derechos de toda la franquicia.

Para ambos era muy difícil generar algún proyecto sin tener la parte del otro, pero Miller dio el primer paso cuando llegó a un acuerdo con "Peacock", empresa streeming perteneciente a la NBC, para desarrolar una serie la cual funcionara como precuela de la primera entrega, de esta manera no necesitaban al Jason adulto ni el título original.

Aunque en un principio los fans no vieron con mucho

agrado que en el proyecto no apareciera Jason muchos cambiaron de opiñon cuando se enteraron que Bryan Fuller (Showruner de la serie "Hannibal") sería el encargado de transformar a la mitica saga en serie de televisión.

Al poco tiempo llegaron otras buenas noticias cuando se informó que la iba a producir "A24" encargados de producir películas como "Midsommar" (Ari Aster, 2019), "The Lighthouse" (Robert Eggers, 2019) y "X" (Ti West, 2022).

Finalmente pasó lo que todos estaban esperando cuando "Horror Inc." (la productora de Sean S. Cunningham) se sumó al proyecto abriendo la puerta para que la serie pudiera incorporar cualquier elemento de la saga, incluido al Jason con la máscara de Hockey.

La dirección estaría a cargo de Stephen Dodson, un director sin demasiada experiencia quien se encargará junto a Fuller de escribir el guión. El papel de Jason, por más que los fans quisieran ver el regreso de Hodder, será interpretado, a diferencia de las las entregas anteriores, por un actor que no viene del rubro de los dobles de riesgo: Frank Volpe.

En 2023 todo se detuvo debido a la huelga de guionistas que paralizó a Hollywood durante un año y en 2024 la productora despidió a Fuller al decidir llevar al proyecto por otro camino. En ese momento Brad Caleb Kane ocupa el rol que Fuller había dejado, un actor devenido guionista que tenía en su haber haber participado, como guionista, en series como "Fringe" (2008 - 2010) y "It, welcome to Darry" (2025), entre otras.

Michael Lennox dirigió los episodios del primero al tercero, Celine Held y Logan George dirigieron los del cuarto al sexto, y Quyen Tran dirigió los del séptimo y octavo. El rodaje se desarrollo entre julio y octubre de 2025. Muchos fans celebraron que varias escenas fueron filmadas en el campamento No-Be-Bo-Sco en Blairstown, la misma ubicación del campamento y pueblo utilizados en la película original de 1980.

Todo el mundo está ansioso por volver a ver a Jason, en una época en la que todos villanos de los 80s están haciendo regresos triunfales ya sea en el cine o la televisión. La nueva trilogía de "Halloween" de David Gordon Green, apadrinada por John Carpenter, con el regreso de Jamie Lee Curtis, hizo que Michael Myers recuperara la corona que había perdido en los 80s cuando Jason y Freddy ocuparon su lugar.

Chuky, en su versión catódica, tuvo un gran éxito, no solo de audiencia, sino de crítica.

Otro que revivió en formato televisivo fue Letherface en "The Texas Chainsaw Massacre" en 2022 de la mano de Netflix, aunque el resultado no terminó de convencer a los fans. Incluso "Hellraiser" tuvo, finalmente, una entrega exitosa, tras años de secuelas inmirables, en la plataforma Hulu.

La fecha de estreno es 2026 y estan dadas todas las condiciones para que "Crystal Lake" sea un éxito.

De momento una encarnación cinematográfica no

pareciera ser posible, solo queda cruzar los dedos y esperar que para Jason, esta vez, el 13 sea un número de buena suerte.

## OTROS SLASHERS QUE TUVIERON SU SERIE DE TV

"Freddy´s Nightmares" (1988 - 1990)

"Bates Motel" (2013 – 2017)

"Chucky" (2021 – 2024)

"Scream" (2015 – 2019)

"Scream Queens" (2015 – 2016)

"Se lo que hicieron el verano pasado" (2021)

"Slasher" (2016 – 2021)

"The purge" (2018 – 2019)

"American Horror Story: 1984" (2019): temporada tributo a los slashers ochentosos (Friday the 13th, Sleepaway Camp, etc.)

# INDICE

Capítulo I: La Pre-historia

Capítulo II: 1978, nace el Slasher

Capítulo III: "Viernes 13" (1980)

Capítulo: IV: "Viernes 13, parte 2" (1981)

Capítulo V: "Viernes 13, parte 3" (1982)

Capítulo VI: "Viernes 13, parte 4: Capítulo Final (1984)

Capítulo VII: "Viernes 13, parte 5; Un nuevo comienzo (1985)

Capítulo VIII: "Viernes 13, parte 6; Jason Vive (1986)

Capítulo IX: " "Viernes 13, la serie (1987 - 1990)

Capítulo X: Viernes 13, parte 7: La nueva sangre (1988)

Capítulo XI: "Viernes 13, parte 8: Jason toma Manhathan (1989)

Capítulo XII: "Jason va al infierno: El viernes final (1993)

Capítulo XIII: "Jason X" (2001)

Capítulo XIV: "Freddy vs. Jason" (2003)

Capítulo XV: "Viernes 13" (2009)

Capítulo XVI: "Crystal Lake" (2026)

.

# BIBLIOGRAFIA

Bracke, Peter M. "Crystral lake memories, the complete history of Friday the 13th", Londres, Titan Book, 2005

Grove, David, "Making Friday the 13th, the legend of camp blood", Inglaterrra, Fab Press, 2005

Kerswell J. A. "The slasher movie book", Illinois, Chicago review press, 2010

Konow, David, "Reel Terror", New York, Thomas Dunne Book, 2012

Rockoff, Adam, "Going to peaces", North Carolina, Mc Farland, 2002

Szulkin, David A. "Wes Craven´s Last house on the left", Inglaterra, Fab Press, 2000

Woodey, John, "Wes Craven, the man and his nightmares", New Jersey, Wiley, 2011

Zinoman, Jason, "Shock value", New York, Penguin, 2011

Extras de dvds

Entrevistas varias en youtube

Revista Fangoria: 12, 36, 45, New York, 1981 / 1984 / 1985